AF470346

A AMSTERDAM
chez JAQUES DESBORDES

REMARQUES HISTORIQUES *ET* CRITIQUES,

*Faites dans un Voyage d'*ITALIE *en* HOLLANDE *dans l'Année* 1704.

Contenant les Mœurs, Interêts, & Religion, de la

CARNIOLE, CARINTHIE, BAVIERE, AUTRICHE, BOHEME, SAXE, & DES ELECTORATS DU RHIN.

Avec une RELATION des Differens qui partagent aujourd'hui les CATHOLIQUES ROMAINS dans les PAÏS-BAS.

TOME SECOND.

A COLOGNE
Chez JAQUES LE SINCERE.

M. DCCV.

REMARQUES

HISTORIQUES

ET

CRITIQUES.

VIII. LETTRE.

De Leipfic à Francfort.

Monsieur,

JE quittai Leipfic avec le chagrin que caufe toûjours la féparation, qui nous éloigne d'un lieu où nous avons eu du plaifir. Je laiffai Monfieur le Docteur Goiz en particulier avec une douleur d'autant plus fenfible que fa converfation & fes honêtetez à mon égard m'avoient plus charmé. Je partis cependant de Leipfic, & m'étant laiffé embarquer dans un grand co-

che à l'ufage du païs, je pris la route avec
la nombreufe compagnie, qui s'etoit renfer-
mée avec moi dans cette prifon mobile, vers
Francfort fur le Mein, pour de là faire le
refte de mon voyage en Hollande par eau.
Je ne vous parle pas des chagrins, que caufe le mauvais traitement dans les Auberges,
le changement des monnoyes, fur le chapitre defquelles on fait croire à un étranger
tout ce qu'on veut, & toûjours à fon dommage, & la longueur des chemins qui efluye
toutes les reffources que la belle humeur
peut avoir à lui oppofer. Vous favez tout
cela, & quiconque fe met en voyage doit
s'attendre à la néceffité de combattre contre
tous ces ennuis. Ce que je trouvai dans la route de moins chagrinant fut la varieté des difcours, que la varieté des perfonnes, & la
plus grande varieté encore de leurs inclinations & de leurs génies mettoit fur le tapis,
& qui enchantoit affez fouvent avec quelque
agrément la fatigue d'un voyage, qui ne
pouvoit être hâté, fait dans un bâtiment,
qui renfermoit huit perfonnes avec tous
leurs bagages.

On parla de tout pendant le chemin, de
Dieu, de Religion, des affaires du monde, & des aventures particulieres, qui
étoient arrivées à chacun, ou dont on lui
avoit fait le recit. Entre les Affeffeurs à ces
conferences on contoit des perfonnes des

trois

rois Communions, Catholique, Réformée,
& Luthérienne, des Ecclésiastiques, des
Officiers de guerre, des marchands, des
étudians, & des femmes. Voilà des épi-
ces différentes a faire la sauce bonne, & à
satisfaire l'appétit le plus dégoûté. Chacun
tenoit le dé à son tour, & comme la journée étoit longue il y avoit temps pour tout
le monde à discourir des matieres qui lui
plaisoient le plus. Que diriez-vous si je
vous disois qu'étant levré assez souvent des
douceurs de l'entretien à cause de la langue
du païs, qui m'est inconnuë, j'étudiois
en particulier les passions, dont il me sem-
bloit découvrir les effets dans la diversité
des sujets, qui composoient nôtre troupe,
& m'en donnois à mon ordinaire la Comédie, en secret néantmoins, de peur de me
faire des querelles? Je riois en moi-même
de la fierté assez mal placée d'un certain
Officier de Village, qui n'ayant assûrément
jamais vû la guerre que sur la gazette, parloit de sieges, de blocus, de bateries, de
demi-lunes, de ravelins, de remparts, d'as-
sauts, de prises de places, de battailles, de
défaites & de retraites, comme des mets
ordinaires de sa table, & dont il s'étoit re-
pû dès ses plus jeunes ans. J'observois d'autre côté la torture, que donne à l'esprit
des gens de négoce l'avarice, à toutes les
attaques de laquelle ils se récrient toûjours

A 4

sur

fur le profit plus ou moins facile & aſſûré dans les divers temps de paix & de guerre, & y font revenir tous leurs diſcours. J'admirois la force du penchant au plaiſir dans les jeunes gens, qui le plus ſouvent ennuyez de tous les autres diſcours mettoient toûjours quelques propos badins ſur le tapis, & tâchoient tout au moins à faire rire par de bons mots, ou des hiſtorietes, les femmes qui étoient du voyage, & qui ne ſe défendoient que foiblement de ces attaques ſourdes, quoi que l'une eût à ſes côtez un mari, qui ne paroiſſoit nullement entendre raillerie ſur la matiere. Mais la place, qu'il vouloit garder, nonobſtant toute ſa mauvaiſe humeur, n'étoit nullement hors d'inſulte, & les deux jeunes étudians auſquels la liberté de la converſation donnoit continuellement le moyen de jetter par leurs œillades, & par leurs équivoques encore plus malicieuſes des bombes au cœur de la place, n'auroient peut-être pas eu grande difficulté à s'en rendre les maîtres, ſi cet importun Gouverneur n'avoit fait violence aux inclinations de celle, à qui la place appartenoit en propre.

C'étoit d'ailleurs un ſpectacle, qui n'étoit pas ſans plaiſir, de voir toutes les batteries tournées du côté de la place la plus difficile à réduire, quand les efforts auroient

roient eu selon toutes les apparences, un
succez beaucoup plus heureux contre une
autre, placée sur le même terrein. Je veux
dire une autre femme, dont le mari étoit
absent, & dont par conséquent la défense
restoit commise à sa seule foi, garde assez
souvent mal assûrée de l'honneur conjugal.
Il est vrai que celle-ci n'avoit pas tous les
charmes de la jeunesse, mais d'ailleurs son
embonpoint, & la fermeté de son esprit, qui
paroissoit aguerri dans ces sortes d'attaques,
paroissoit offrir la gloire d'une conquête
plus solide à qui l'auroit tenté. Mais par
un effet de l'inclination bizarre de la plûpart des hommes, elle-même faisoit des
avances, qui n'étoient pas entenduës, ou
qui étoient negligées par ceux qu'on cherchoit de mettre en humeur.

Vous ne trouverez pas mauvais que je
me sois diverti de la considération de ces
extravagances, moi que l'âge éloigne par
nécessité de ce qui pouvoit chatouiller une
jeunesse plus vive. Mais au défaut du sentiment, que je ne suis pas fâché d'avoir
perdu pour ces sortes de charmes, j'en ai
pour les interêts de mon instruction, qui
met à profit les vûës, & les réfléxions,
que les occasions me font faire sur la varieté, & la bizarrerie des passions hu-
maines.

J'en fis de plus importantes sur la Religion

gion que le malheur des temps a divisé en tant de partis, dont cependant il semble qu'il n'y a qu'un seul, qui puisse avoir raison, toute varieté en matiere de foi emportant erreur, qui venant à être essentielle exclut de la voye du salut. Comme dans nôtre troupe il y avoit des professeurs des trois Religions dominantes dans l'Empire, il ne pouvoit manquer d'y avoir des disputes. Mais comme tous n'étoient pas également versez dans la controverse, la plûpart de ces combats se faisoit avec des armes légeres & incapables de tenir contre les raisonnemens suivis, qui embarassent toûjours ceux qui ne sont pas disciplinez dans cette guerre. Les tenans de l'une & de l'autre Religion, Réformée & Lutherienne ont pour principe commun de rapporter toutes choses à l'Ecriture, & de décider chacun à sa mode toutes les controverses avec des passages, qu'ils croyent formels pour l'établissement de leurs opinions. Il paroît impossible d'excuser leur prévention sur ce chef, puis qu'il faut que les uns tiennent les autres pour des personnes dénuées de bon sens, quand ils ne tombent pas d'accord de l'explication d'un texte, qui autorise un dogme de leur croyance, differente de celle des autres sur ce dogme particulier, ou qu'ils conviennent que le texte n'est ni décisif ni formel, ou tout

au

moins n'est point clair, qui est la cause que les opinions sont differentes, & l'interpretation diverse.

Cela même, comme vous voyez, à la nécessité de reconnoître un Juge dans la foi, & un Arbitre dans les controverses. Et c'est ici la pierre de scandale, & d'achoppement pour ces Messieurs de l'une & de l'autre Communion dont j'ai parlé, qui relancent les Catholiques sur ce point, & les appellent par dérision Papistes, c'est à dire à leur sens, gens qui se laissent conduire par un homme égal à tous les autres, en miséres, & en aveuglement, & qui par conséquent les peut, & les doit acheminer à l'erreur, inséparable de ses dispositions. On a beau leur dire, que les lumieres particulieres du Pape ne sont nullement celles que les Catholiques suivent pour leurs guides, mais bien celles que Dieu lui inspire comme à une personne constituée dans le Gouvernement des fidéles, qui seroit toûjours chancelant, & incertain s'il n'y avoit une Dignité, & un Tribunal supréme à qui Dieu a voulu qu'on eût recours. Ils ne veulent point admettre d'autre recours & d'autre Juge que l'Ecriture, de laquelle quand on leur objecte l'inévidence palpable, dans la varieté des sentimens, & des interpretations, entre personnes notoirement très-habiles dans toutes les autres choses, ils

n'ont

n'ont point d'autre voye pour échapper que celle de l'inſpiration ſecrete, par laquelle Dieu fait ſentir au fond du cœur à chacun que le ſens auquel il s'eſt déterminé contre l'avis de tous les autres, eſt le ſeul bon & véritable, & ſur lequel il doit fonder ſa foi. Ce qui eſt faire chacun Arbitre & Juge de ſa Religion, n'y ayant perſonne, qui ne ſe puiſſe flater que ſes préventions ſont autoriſées par des inſpirations ſecretes, quand même elles ſeroient contraires aux ſentimens & à la croyance de tous ceux de ſon parti.

Vous voyez bien, Monſieur, qu'avec ce ſeul écu j'avois de quoi rabattre tout ce qu'on me lançoit contre la foi & les uſages de nôtre Egliſe, & qu'en tenant ſeulement ferme ſur ce point capital de l'inévidence de l'Ecriture, & de la néceſſité d'un Juge dans les controverſes, je rendois inutiles toutes leurs citations. Pour le faire encore plus efficacement j'appellois à mon ſecours contre celui qui me parloit, celui de l'autre Religion qui ne convenoit pas avec lui, & cependant n'étoit pas d'accord avec moi dans le reſte, ce qui rendoit ſon oppoſition d'autant moins recuſable. Je ne manquois pas de tâcher de tout mon pouvoir de leur ôter cette aliénation du nom & de la digni-té d'un Souverain Paſteur dans l'Egliſe Chrétienne, en leur répréſentant que Dieu

ayant

ayant donné à l'assemblée de ses fidéles le Gouvernement le plus parfait, celui-ci pour être tel doit dépendre d'un seul, comme le Gouvernement du Monde dépend de Dieu seul. Que la substitution d'une personne mortelle ne préjudicie en aucune maniere à la Souveraineté & à la conduite immédiate de Jesus Christ nôtre unique & nôtre Souverain Chef, qui ayant cessé d'être visible parmi les hommes a dû naturellement conferer son autorité directive pour le Gouvernement exterieur, & sensible de son Eglise à un autre homme; se réservant comme il le promit à S. Pierre de l'assister de son Esprit & de ses lumieres pour un bon Gouvernement, de même qu'il ne cesse d'éclairer au dedans chacun des Chrétiens pour qu'il observe ses saintes loix, & vive en paix & union avec le reste des fidéles.

Que les désordres particuliers qui peuvent deshonorer la vie d'un Pape, ne préjudicient nullement à son autorité, & à la promesse que Dieu a faite à son Eglise de l'assister dans la suite, & jusqu'à la consommation des siécles, de même que les sentences d'un Juge, & les dispositions que fait un Gouverneur pour le bon ordre, ne souffrent aucun préjudice dans leur validité & dans leur droiture, des désordres de la vie particuliere du Juge, & du Gouverneur, dans lequel on ne regarde que la
charge

charge & l'autorité du caractere, & nullement les actions, pour s'y soûmettre, &
accepter leurs décrets. Toute sorte de raison approuvant que comme Dieu s'étoit
incarné pour former son Eglise sur le mo-
déle d'un Etat pourvû & gouverné par un
Chef de la même nature & qualité que le
reste de ses sujets, de même il continuât cette forme par la substitution éternelle d'un
Chef visible, qui au nom du premier Institu-
teur, assisté de son Esprit, & muni de son pouvoir, la gouvernât dans la suite des siécles.

Comme je prétendois convaincre mes
adversaires sur l'inévidence du texte de l'E-
criture sur beaucoup de matieres contro-
versées, vous jugez bien que je devois rendre plausibles les veritez de nôtre croyance
par des comparaisons à des choses qui nous
étant familieres & sensibles touchent davantage nôtre esprit, & semblent le forcer
à se rendre par l'évidence de la raison qui
justifie une chose toute semblable. Cependant nonobstant la clarté de cette preuve
sensible, il y en avoit qui me répondoient
hardiment que toutes ces comparaisons ne
valoient rien, & qu'il n'y a aucune proportion entre la foi & la raison humaine,
entre les choses de Dieu, & celles du siécle. Je ne manquois pas de leur repliquer
avec ce texte de l'Epître de S. Jaques que
tout bien vient de Dieu, & du Pere des
lumie-

lumieres, & qu'il n'y a rien de juste, de raisonnable, & de bien établi dans le monde, qu'autant qu'il se conforme à la justice, à la sagesse, & au bon ordre de Dieu, & que par conséquent tout ce qui porte ce caractere d'équité, & d'ordre, est par cela même un écoulement, & une image, qui nous le doit rendre vénerable, & une preuve que Dieu observe dans sa conduite à l'égard de nos ames les mêmes voyes, & les mêmes formes, que nous estimons justes, & que nous louons ici bas.

C'est à la faveur de ce raisonnement que sans entrer dans le détail des preuves de l'Ecriture, je prétendois justifier le culte des Saints, le respect à leurs images, le célibat du Clergé, l'observance des vœux Monastiques, & quasi tous les autres articles, qui rendent nôtre créance diverse de la leur. Car, disois-je, quel Prince y a-t-il au monde qui s'offense, qu'on lui demande des graces par l'intercession de ceux qu'il honore de sa faveur ? Qui improuve qu'on honore leurs portraits & les liens, qui fasse violence à personne, quand il déclare qu'il ne veut au service de sa maison que ceux qui seront libres des soins du mariage, & d'une famille particuliere, & qui condanne des personnes, lesquelles quitteroient tout autre soin que celui de chanter ses loüanges, faire connoître la justice de son Gouvernement, & en donner au monde des portraits, qui rendent son nom, & ses vertus vénérables? Quand, disois-je, toutes ces choses seroient inutiles en elles-mêmes, aucune raison ne prouve qu'elles soient criminelles, d'autant plus que tous ceux qui font profession de les observer, n'ont d'autre vûë que sa plus grande gloire, & de mettre en pratique des moyens qu'ils croyent les acheminer plus assûrément à leur sanctification. Ce sont des superstitions, me disoient-ils. A quoi je répondois que la superstition étant un culte, dont l'excez choque le bon sens & la raison, ou qui attribuë à Dieu des choses messéantes, ils ne pouvoient refuser de reconnoître, qu'il n'y avoit rien en tout cela, qu'on pût légitimement tacher de ce reproche, & qui ne s'accommodât très-parfaitement à la raison.

Je n'ai pû, comme vous pouvez bien croire, employer dans mes disputes que les armes défensives, la guerre se faisant dans un païs où les choses n'étoient pas égales, si j'avois voulu attaquer. Aussi avois-je soin d'adoucir par des honêtetez les esprits, qui me paroissoient vouloir sortir des termes d'une dispute paisible; & il ne m'est arrivé qu'une seule fois, de n'avoir pû retenir dans les bornes de la modération un de mes adversaires, qui se mit en état de vouloir soûtenir ses raisons par la violence, si

ceux-là

ceux-là mêmes, qui étoient de son côté contre moi n'avoient improuvé & empêché les effets de sa mauvaise humeur. Je vous ai raconté tout à la fois les discours que nous avons tenus pendant tout le voyage au sujet de la Religion, de même que les petites intrigues, qui ont occupé l'esprit de quelques-uns de la troupe, & qui ont servi d'amusement contre l'ennui du voyage. Je vais vous décrire nôtre route, & vous donner connoissance de ce que j'ai pû attraper touchant la qualité des lieux où nous avons passé.

Nôtre premier gîte au sortir de Leipsic fut à *Iena*, vieille Ville, assez mal bâtie, & encore plus mal peuplée, qui appartient au Duc de Saxe-Eysenac, quoi qu'elle ne soit nullement comprise dans les Etats particuliers de sa branche. Vous savez, sans que je vous le dise, que la famille des Ducs de Saxe est maintenant divisée en tant de branches, que chacune en particulier n'a qu'une partie assez petite, je ne dis pas de toute la Saxe, telle qu'elle étoit autrefois possedée par un seul Souverain, mais de ce qu'on appelle aujourd'hui Duché de Saxe, dont la plûpart est encore tenuë par l'Electeur Chef de la Maison, qui en possede la plus grande étenduë pour lui donner les moyens de soûtenir sa dignité. Cette fâcheuse division en tant de pieces n'est-ce point un

 plus

plus fâcheux effet du changement de Religion en ce païs, qui ayant aboli le célibat, & la commodité des grands benefices, a mis dans une espece de nécessité tous les Princes de se marier, au lieu qu'autrefois les Cadets étoient pourvûs des dignitez Ecclesiastiques, qui leur donnant les moyens de subsister avec un éclat à peu près proportionné à leur naissance, laissoient aux aînez la possession de tout l'Etat, & les soins de continuer la famille? Mais il ne faut pas parler de continence, en un païs, dont l'Apôtre Réformateur a encouragé tous les autres par son exemple au mariage, & plûtôt que de s'y passer de femme, on aime mieux voir les Evêques, appellez aujourd'hui Surintendans, aller au petit pied par terre, comme j'en vis en Saxe, qui rouloient sans le moindre serviteur, que de conserver une grandeur, qui mettoit en égale reputation la pieté libérale de Charlemagne, & des anciens Empereurs, & celle d'un caractere qui a tant de besoin d'un peu d'autorité & d'éclat pour se conserver aujourd'hui plus que jamais l'estime & le respect des fideles.

Il y a une assez belle Eglise à Iena, & une Université. Une fois pour toutes je vous dirai, Monsieur, que je n'ai quasi vû aucune Eglise dans tout mon voyage, que Messieurs les Protestans ayent bâtie, & qui n'aye n'aye été à l'usage des Catholiques, & par conséquent construite par eux devant le changement de Religion. Ce qui fait beaucoup d'honneur à ces vieux Catholiques, car en Allemagne les Eglises sont universellement fort belles, & bien bâties. Comme dans la moderne Réforme il n'y a plus de Coüvents, & point de lieux de devotion particuliere, excepté une ou deux Eglises dans chaque Ville selon l'abondance du peuple, toutes les autres ont été changées en bâtimens publics, en Arcenaus, en boucheries, ou tels autres réduits, si elles n'ont pas été détruites. Il ne me parut pas que l'Université d'Iena fût fort fréquentée : le voisinage de celles de Wittemberg & de Leipsic, qui en sont si près, étant sans doute la cause de ce peu de nombre d'écoliers ; l'une & l'autre Ville l'emportant sur celle-ci, la premiere par la réputation d'avoir été le siége du Docteur Luther, dont on professe la doctrine dans toute la Saxe, & la seconde pour la richesse de son négoce & de ses foires. Le territoire d'Iena nourrit quelques vignes, mais le vin est peu de chose.

Nous dînâmes le jour suivant à *Weimar*, Capitale de l'Etat d'une autre branche de la famille de Saxe. La Résidence du Prince ou Duc est grande & belle, mais la Ville se ressent de la pauvreté inséparable

des

des lieux soûmis à de grands Princes, qui ont de petits Etats lesquels ont été souvent affligez & ruinez par les guerres. L'affistance à l'Eglise est si religieusement obfervée pendant les heures de la priere, que nous fûmes contraints d'attendre aux portes de la Ville, qui étoient fermées par cet égard, jufqu'à ce que la dévotion fut finie, ce qui me parut une jaloufie d'autant moins fondée, qu'il n'y avoit aucune apparence que la Ville puiffe être furprife, dans un pais où tout vit en paix, comme elle auroit pû l'être dans un temps de guerre, & de courfe de partis. Nous vîmes rouler quelques caroffes, apparemment de la Cour, où il y a deux Princes, un veuf, & fans fucceffion, & l'autre marié avec quelques enfans. Il paffa auffi pendant nôtre dîner un convoi, qui accompagnoit un mort à la fépulture. Comme j'entendis chanter, je crûs d'abord qu'en ce chant étoit celui de quelques prieres, qu'on adreffoit à Dieu, comme l'on fait chez les Catholiques, pour implorer fa miféricorde en faveur du défunt. Mais j'appris que ce n'étoit que quelques rimes morales fur la caducité de la vie, que l'on a coûtume de chanter chez les Lutheriens, pour faire fouvenir les affiftans de la néceffité de mourir un jour, & réveiller dans leurs cœurs les foins de bien vivre. Ce font les pauvres

éco-

écoliers qui chantent, & on les paye pour cela, la coûtume d'Allemagne étant, comme il me semble vous avoir écrit ailleurs, que les Colleges sont remplis de jeunesse pauvre, qui par le secours des aumônes, qu'on leur fait, apprennent les Sciences, & se poussent du mieux qu'ils peuvent aux emplois civils; ce qui est cause que la langue Latine est si commune en Allemagne, où l'on entend parler cette langue jusques dans les Cabarets, la nécessité réduisant à la fin beaucoup de ces étudians à devenir valets, ou soldats, & à embrasser les moindres conditions. Pour revenir au convoi, dont je vous ai parlé, & au chant, qui l'accompagnoit, celui-ci me fit souvenir d'un Poëte Anglois, mort depuis peu, & duquel vous n'avez peut-être pas ouï parler. Cet homme ayant composé plusieurs Comédies dans sa langue qui lui avoient acquis beaucoup de reputation parmi les siens voulut mourir en Poëte, & avec la singularité d'une céremonie qui rendît sa mort aussi fameuse que ses vers. C'est pourquoi il disposa d'une somme suffisante pour assembler une grande troupe de Musiciens de voix & d'instrumens, desquels il voulut que son corps fût accompagné à la sépulture parmi le chant, soûtenu de la symphonie de cette Ode d'Horace, *Exegi monumentum ære perennius..* avec lequel con-

voi

voi son ombre apparemment , paſſa aux Champs Elyſées , & fut revûë dans ce beau ſéjour parmi celles des Héros qu'il avoit célebrez dans ſes Poëmes.

Pour vous, Monſieur, qui étes toûjours reſté en Italie vous aurez ſans doute ouï parler de l'extravagance de cet autre Profeſſeur de l'Univerſité de Padouë, que j'ai autrefois très-bien connu moi-même en cette Ville-là, & dont les ſentimens & la conduite particuliere lui avoient acquis le ſurnom de *Scheribitz*, dont lui-même ſe glorifioit , & ſouffroit gayement qu'on le nommât par ce nom. Cet homme réduit à la mort , & prévoyant bien que ſa mort ne déplairoit nullement à une ſeule niéce, qu'il avoit, & qui attendoit ſa ſucceſſion, voulut par teſtament que cette niéce aſſiſtât à ſon enterrement en habit rouge, couleur plus propre à exprimer la veritable joye de ſon cœur que le noir n'auroit été pour feindre un düil, & une triſteſſe, qu'il ſavoit bien qu'elle n'avoit pas. Mais ce qui eſt un peu plus ſingulier par rapport à ſa Religion, eſt qu'il voulut qu'on ne célebrât qu'une Meſſe pour le repos de ſon ame, & qu'on n'allumât qu'un ſeul cierge à ſes obſéques, ſuppoſait diſoit il, que la valeur de ce ſacrifice étoit ſuffiſante pour obtenir de Dieu, tout ce dont il auroit beſoin pour ſon ſalut, & que comme par les feux,
qu'on

qu'on allume aux funerailles, on veut indiquer l'immortalité de l'ame, qui survit
aux débris & à la corruption de la chair,
n'ayant qu'une seule ame pour laquelle il
s'interessât, il ne faloit faire pompe, di-
soit-il, que d'une seule lumiere.

Je pourrois vous entretenir de bien d'autres particularitez touchant ces Messieurs les
Professeurs de l'Université de Padouë, que
je sai ou de source, & pour les avoir vûs,
ou sur des rapports dignes de toute croyance. Car comme vous savez que Venise &
les Etats de cette République sont un païs,
où l'on professe quasi un Christianisme à
part, quoi qu'en Italie, & aux portes de
Rome, la liberté qui y regne, & la bizarrerie de l'esprit Italien y font souvent nai-
tre des cas, qui surprennent beaucoup les
étrangers, quoi qu'on n'en fasse que rire
parmi ceux du païs.

Erford, où nous arrivâmes au soir est une
Ville qui appartient à l'Electeur de Mayence, & à la Province de Thuringe, dont
cependant cet Electeur ne possede que la
seule Ville d'Erford, le reste étant partagé entre divers Princes de la Maison de Saxe, & d'autres Princes & Comtes de diverses Maisons. Il me souvint en entrant
dans la Ville, de la Fable des Lyciens
changez en grenoüilles, dont peut-être les
habitans pourroient bien être décendus; car

B 4

à

à voir la quantité d'eau , qui court par la
Ville , & occupe toutes les ruës , par lefquelles on ne paſſe que ſur des pierres éle-
vées , on la prendroit auſſi-tôt pour un ſe-
jour de grenoüilles , que d'hommes accoûtumez à vivre ſur terre. Cela veut dire que
cette Ville eſt ſituée dans un terrein fort bas ,
où s'écoulent toutes les eaux du voiſinage ,
qui ſont enſu te entraînées par la riviere
de Gera , qui coule auprès. La jalouſie
avec laquelle l'Electeur de Mayence garde
cette place , lui fait tenir une garniſon de
quelque conſidération , & l'on y a même
bâti deux eſpeces de Citadelles , l'une dedans , & l'autre hors de la Ville , qui ſont
gardées par des ſoldats , chargez du ſoin
de maintenir les bourgeois en repos , & les
voiſins en reſpect L'une & l'autre de ces
fortereſſes eſt bâtie en lieu éminent , & la
Ville peut être foudroyée par celle qui eſt
dedans , celle qui eſt dehors en étant aſſez
éloignée , & bâtie plûtôt pour garder les avenuës de ce côte-là que pour la ſûreté de la
Ville.

L'une & l'autre Religion , c'eſt à dire
la Catholique & la Lutherienne y ont le libre exercice de leurs céremonies , les Chanoines Catholiques y célebrant hautement
le ſervice divin dans une Egliſe , qui eſt
peut-être des plus belles , & des plus anciennes d'Allemagne. Un Jeſuite eſt gagé pour
pré-

prècher dans celle-ci la controverse : mais je ne sai s'il y fait autant de fruit que la grosse cloche du clocher y fait de bruit , car vous aurez sans doute ouï parler de cette cloche, qui est renommée pour être une des plus grosses de son espece. Monsieur l'Electeur de Mayence fait tout ce qu'il peut pour rendre tous les Protestans Catholiques, & tous les sujets affectionnez à son Gouvernement. Je n'ai garde cependant d'assûrer qu'il soit pour obtenir bien-tôt l'un & l'autre, la Religion Lutherienne paroissant trop douce aux premiers pour la changer contre la Catholique, & tous également étant entêtez du projet d'ériger leur Ville en Ville Imperiale, comme ils se sont autrefois efforcez de le faire, sous la protection, & avec l'appui des Ducs de Saxe, qui ne seroient pas fâchez de voir cette Ville libre , & hors de la sujettion d'un Prince puissant, quand même ils n'auroient pas envie d'empieter sur sa liberté, destituée qu'elle fût d'un si puissant secours.

Gotha, où nous dînâmes le jour suivant, après avoir traversé tout le matin de fort belles plaines, & de beaux Villages, qui se trouvent sur la route, est une assez grande Ville, bâtie sur le penchant d'une montagne, au haut de laquelle est le Palais, ou Résidence d'un Duc appellé de Saxe-Gotha, de la famille des autres Ducs de ce nom, & d'une branche particuliere. Les maisons de campagne dans la Saxe & en bien d'autres endroits d'Allemagne, ne sont bâties que de bois, & de bouë, la machine, ou structure des maisons étant de poutres unies, & liées ensemble, qui en forment toutes les séparations & l'exterieur, & les espaces entre les poutres remplis d'une bouë, ou espece de terre qui fait prise, particulierement en y mêlant de la paille hachée, qui la lie, & lui donne de la consistance. Cela est cause, que vous voyez toute la charpente à découvert, & les espaces entre les poutres d'une autre couleur; à moins que (ce qui n'est pas ordinaire dans les Villages) l'on n'ait enduit toute la façade de ces murailles, avec de la chaux & du mortier, ce qui cache la bigarrure, & donne aux maisons une apparence uniforme, & quelquefois même encore barbouillée de divers ornemens de peinture.

C'est ainsi que sont les maisons dans les Villes, & particulierement dans celle-ci de Gotha, qui a ses belles & longues ruës, & est remplie de plus beau monde que je n'en avois vû à Weimar. J'y rencontrai même en me promenant par la Ville des Françoises, qui marchoient avec la propreté, & la vivacité de leur nation. Eh grand Dieu, où est-ce donc qu'il n'y a pas

de

de François, & de Françoises ', & une Cour qui n'en foit remplie? Les déclamations des efprits bourrus n'y feront rien & la mode d'avoir des habits, & des domeftiques François aura fon cours, jufqu'à ce qu'on en foit ennuyé, & qu'il leur arrive comme il eft arrivé aux Efpagnols, dont la langue, les manieres & le commerce plût à l'Europe pendant tout le XV. fiécle, apres quoi on leur a donné congé, jufques à les ridiculifer en beaucoup de lieux, où l'on n'en parle gueres que pour en rire.

Le Palais du Duc, eft comme je vous ai dit, fort grand, & fort beau, au moins au dehors, car comme nous nous préfentâmes pour le voir, & qu'il faloit attendre des permiffions, & des ordres de certains Officiers qui étoient abfens, pour être introduits, & que le temps nous prefloit, nous fûmes fruftrez du plaifir de le voir.

Il n'y a point de gueux dans la Saxe, mais tout y eft plein de rouës & de gibets. D'où vient cela? Je m'imagine qu'il faut ici appliquer le *fodere non valeo, mendicare erubefco* de l'Evangile, qu'une partie du peuple étant faineante, & ne pouvant d'ailleurs gueufer il faut l'empêcher de vivre aux dépens d'autrui par la terreur du châtiment, & couper le cours aux vols, par le fupplice des voleurs. Que deviennent donc les faineants? Soldats. Et voilà à mon

ju-

jugement la cause pourquoi il y a tant de soldats en Allemagne L'Alleman étant naturellement ennemi du travail prend volontiers les armes, qui est un métier, où les bras ne sont pas obligez à faire tant d'exercice : & comme les inclinations naturelles de la nation ne sont pas violentes, ni inquietes, elle s'accommode à cette vie & la pratique avec fermeté & constance, ce qui est cause que le soldat Alleman est brave, son esprit attaché à une seule chose s'en acquitant dignement & avec honneur. Voilà encore une de mes méditations que vous prendrez pour ce que vous voudrez, car chacun raisonne à sa guise, & se paye de ce qui lui paroît le plus vrai semblable, quoi qu'il ne paroisse pas tel aux autres.

Je m'étonnai de trouver dans la Saxe une assez grande quantité de pins, tous semblables à ceux qui portent les pignons en Italie, mais sans fruit, car je m'imaginois que le pin étoit un arbre qui ne crût que dans les païs chauds. Celui-ci n'est-ce point le *pinus fatua* des Naturalistes? Cependant en quelques endroits du monde, on donne ce nom à la plante dont les feuilles sont tout herissées de pointes, & qu'on appelle à cause de cela *noli me tangere*. Je commençai d'ici à trouver des faux, ou hêtres, *fagi*, dont nous n'en avions encore point vû sur nôtre route. L'usage princi-
pal

pal qu'il me parut qu'on fît de ces arbres est de les scier en petites planches, dont les Païsans révétent ensuite la partie de leurs maisons qui est exposée au Septentrion, afin d'empêcher sans doute que les gelées, & les vents froids ne gâtent leurs murailles de bouë, qui ne paroissent pas avoir beaucoup de force pour resister ni aux vents ni au dégel, & pas même aux pluyes, lesquelles je m'aperçûs en quelques endroits, détremper effectivement & faire couler cette bouë, au hazard d'introduire le jour dans la maison par d'autres endroits que les fénétres.

Nous arrivâmes le soir à *Eysenac*, autre assez grande Ville & Résidence d'un Duc de la même Maison de Saxe, qui en porte le nom particulier pour se distinguer des autres. La Ville n'est point laide, bâtie fort joliment à la maniere des Villes de Saxe, c'est à dire de bois & de bouë, mais les maisons sont peintes, & font une vûë agréable. Le Palais des Ducs ne parut pas être grand' chose au dehors, irregulierement bâti, & sur le penchant d'une colline qui joint à la Ville du côté du Midi. Mais il y a apparence que le dedans ne manque pas d'ornemens. Le sejour continuel des Princes ne laissant pas douter, qu'ils n'y ayent assemblé tous les agrémens, qui peuvent soulager l'ennui que cau-

se

se ordinairement l'éloignement du grand monde aux personnes de qualité.

Avant que d'entrer dans la Ville on laisse à main gauche une espece de Château, qui n'est pourtant gueres fort, exhaussé, sur un rocher, ou petite colline, dans lequel Luther demeura caché, pendant le plus fort des guerres que sa nouvelle Réforme avoit suscitées en Allemagne, & qu'à cause de cette espece d'éxil & de relegation, qu'il fut obligé de garder pour sa propre sûreté, il nomma sa Pathmos. Il écrivit là une partie de ses livres, & si je ne me trompe, il y écrivit entr'autres choses la prophetie de la destruction qu'il croyoit imminente du Papisme. C'est dommage que les Prophetes Protestans ne sont pas heureux en prédictions, & que nous ayons encore été trompez depuis peu d'années en çà par un autre, qui avoit prédit cette ruïne de nos jours, qui en avoit marqué l'époque certaine dans un an, que nous avons vû couler sans aucun changement ni affoiblissement considérable dans l'Eglise Romaine. Cela ne donne-t-il point quelque sujet d'un peu douter de la mission de ces Illuminez, & du reste de ce qu'ils annoncent avec la même confiance au nom du Seigneur, puis que la suite fait voir que le Seigneur ne leur avoit point parlé? Pour moi je vous avouë que je serois bien tenté de leur reprendre ma croyance, si je la leur avois donnée.

Le Duc de Saxe-Eyſenac a un fils &
deux filles, & l'on nous dit que le fils
ſe diſpoſoit déja à entrer dans la carriere militaire, ce qui ſuppoſe une bravoure
naturelle, & un âge ſuffiſant pour ſoûtenir
ce pénible métier.

Au ſortir d'Eyſenac il falut entrer dans
des montagnes & accroître pour cela l'at-
telage, afin qu'il pût traîner nôtre coche
par les mauvais & fâcheux chemins, qui
ſe préſenterent à ſurmonter. Mais avant
que de quitter la Saxe, je vous dirai une
fois pour toutes que le païs eſt tout ſemblable à la Boheme, grandes plaines, peu
de bois, & peu de rivieres, ce qui eſt cauſe qu'il y a du grain en abondance, mais noir
à cauſe du terrein brûlé qui le produit. La
biere qu'on fait de ce même grain, & de
quelque houblon qu'on trouve par-ci par-
là, étant auſſi-bien que le pain d'un très-
mauvais goût pour ceux qui n'y ſont point
accoûtumez. Le païs nourrit encore quantité de brebis.

Nous trouvâmes aux pieds de la premiere montagne, que nous fûmes obligez de
paſſer, un aſſez bon Village, qu'on appelle
Markſul, où le Duc de Saxe-Eyſenac a
une maiſon de chaſſe, & un autre aſſez
grand bâtiment où il tient ſes chevaux, &
ſes équipages de chaſſe ; car la maiſon a
aſſez l'air d'un Château, & d'un lieu de
plai-

plaiſir pour y loger la Cour, quoi qu'elle
nous parût fort négligée, ce qui fait voir
que les Princes n'y vont pas fort ſouvent.
D'ici le païs commence à être fort agréable, & particulierement très-propre à la chaſſe, étant diverſifié de bois, de prairies, &
pourvû ſuffiſament d'eau ; ce qui ſans doute a donné occaſion aux Ducs d'y faire bâtir les maiſons, dont je viens de vous parler, pour y avoir une retraite, & toute ſorte de commoditez, pour jouïr auſſi long-
temps qu'il leur plaiſoit du divertiſſement
de la chaſſe, qui eſt le plus innocent,
& en même temps le plus utile, que puiſſent prendre les perſonnes de qualité.

Nôtre dîner fut à *Fach*, petite & méchante Ville, par laquelle on commence
à entrer dans les Etats du Landgrave de
Heſſe, où nous fûmes encore plus mé-
chamment traitez quoi qu'on nous y fît
fort bien payer. Avant que d'entrer dans
cette gargotte, qui eſt entre la Ville & la
riviere de Warr, on paſſe un pont de pierre de bien trois cens pas de longueur, qui
eſt ce qu'il y a de meilleur à voir, & il a
été beſoin de le faire d'une ſi grande longueur pour traverſer un grand marais, ou
un terrein gâté par le cours du petit fleuve, qui ſe répand au long & au large, &
cauſe bien des incommoditez au païs, quand
il eſt enflé extraordinairement.

De

De cette méchante Ville on en voit une
fort jolie, & fort propre à une demi-heu-
re de là fur la droite en arrivant, appellée
Philippftadt, & faite nouvellement bâtir
par le Prince Philippe de la même Maifon des Landgraves de Heffe, dans la part
qui lui appartient des biens de la famille.
On y voit un beau bâtiment, qui furmon-
te toutes les maifons de la Ville, & qu'on
nous dit être le Palais & la Réfidence du
Souverain.   Mais celui-ci ne l'habite gueres, & il y a déja quelques années qu'il
demeure en Hollande avec toute fa famille,
& ce qui eft plus fingulier, dans un Village près de la Haye, appellé Ryfwick, où
il mene une vie quafi auffi folitaire, que
s'il étoit dans fa Réfidence.

Le païs que nous traverfâmes d'ici jufqu'à Fulde eft plus ouvert, & meilleur
que le précedent. On voit par tout à droite, & à gauche de fort beaux Villages, où
cependant il faut vivre comme on peut
avec fon argent, car les meilleures Auberges traitent fort fimplement, au prix des
autres païs où il y a un meilleur goût, &
plus de délicateffe. Mais les Allemans fup-
pléent à tout avec un verre ou deux de
bran de vin, qu'on ne manque jamais d'apporter fur la table après le repas, & qui ne
paroît pas inutile pour corriger la crudité
des mauvaifes viandes, & fur tout de la biè-

re, qui est la boisson ordinaire quasi par toute l'Allemagne. Je remarquai qu'en plusieurs endroits le terrein étoit plus rouge qu'à l'ordinaire, sans que j'apprisse qu'on eût aucun soupçon qu'il pût y avoir des mines de quelque métal. Je ne suis pas cependant sans ce soupçon, & il semble que cette couleur étant celle de plusieurs minéraux, il pourroit bien y avoir en beaucoup d'endroits des mines, au moins de cuivre, car je me souviens, que nous passâmes dans la Saxe une petite riviere, dont l'eau étoit toute rouge du sablon, qu'elle rouloit des mines de Mariembourg, qui n'étoient pas fort loin de là.

Fulde est une Ville médiocre peut-être en tout, en grandeur, en richesses, & en civilité des habitans. Les dehors en sont pauvres, mais les maisons qui sont dans le cœur de la Ville sont assez bien bâties. Je comparai plusieurs fois en plaisantant avec la compagnie, les Villes que nous trouvions sur nôtre route à des châtaignes, dont les dehors sont méprisables & rebutans, & qui néantmoins après deux ou trois enveloppes ne donnent qu'un fruit bien médiocre en bonté, pour ne rien dire de pis. Car dans les païs, où l'Empereur Charles Quint reçût un regal de marrons de ses sujets, qui s'empressoient pour le regaler, comme il en eût pris deux pour leur témoigner

son

fon agrément, le Prud'homme qui faifoit
les honneurs du Village l'encouragea à en
prendre autant qu'il voudroit, parce (lui
dit-il) qu'ils en avoient une fi grande abondance, qu'ils les donnoient aux cochons.
Comme j'ai vû qu'en plufieurs endroits de
l'Allemagne on les vend quafi comme des
amandes à caufe de leur rareté, je n'ai garde de méprifer tout à fait les châtaignes,
mais il me femble qu'on peut bi n les tenir
au rang des fruits médiocrement bons, fans
leur donner une plus haute préference, de
même que je fais aux Villes, dont je parle,
qui font affez pauvres au dehors, & dans
le cœur, où apparemment logent les meilleures familles, ne font pas des Villes fort
confidérables.

Fulde eft une de ces Villes, quoi que
fon Prince, qui eft un Abbé Régulier de
l'Ordre de S. Benoît, foit Prince de l'Empire, le premier des Abbez d'Allemagne,
& fur tout cela Archichancelier de l'Imperatrice. Un écrivain de mauvaife humeur
s'écrieroit ici, à quoi bon tant de titres &
de charges toutes mondaines à un Religieux, qui eft obligé par fa profeffion à
ne penfer qu'à Dieu, & à vivre éloigné du
monde, de fes vanitez & de fes emplois ?
Cela étoit bon autrefois à prêcher : aujour-
d'hui felon tous les Cafuiftes Dieu s'eft hu-
manifé, & accommodé à nôtre foibleffe, &

veut

veut bien ne se pas fâcher, quoi qu'il voye que nous le quittons pour le monde, & que nos soins les plus empressez sont à nous y procurer des établissemens, & que pour trois ou quatre patenôtres dites à la hâte nous prétendons de disposer en toute propriété & liberté d'un patrimoine, qui suffiroit à soulager la misére de plusieurs milliers de pauvres. Ce ne sera pas peu si on ne l'oblige encore à souffrir que la foi même, qu'il nous a préchée, & qui ne demande qu'un acquiescement d'esprit, sans incommoder aucunement nôtre cupidité, ne donne lieu à des opinions plus nouvelles, & qui ne paroissent inventées & soûtenuës, que pour flater plus doucement cette cupidité, par la confiance, & l'espoir de tout obtenir, après avoir négligé tous les moyens de meriter quelque chose.

L'Abbé qui regne actuellement se nomme Adalbert, & s'il en faut croire à son portrait que nous vîmes à nôtre Auberge, est homme de belle présence, & déja avancé en âge. Je ne vous dirai pas sa Maison, car elle n'étoit pas exprimée au bas du tableau, où après le nom d'Adalbert on lisoit immédiatement ses titres, *Dei & Apostolica Sedis Gratia*, &c. comme on fait aux Archevêques & autres Princes de l'Eglise. Nous ne pûmes pas le voir non plus, car alors il étoit à la chasse, depuis quelques jours, &

ne

ne devoit retourner en Ville qu'après quelques autres. Son Altesse Abbatiale demeure dans un Palais & Résidence séparée de l'Abbaye, qui nous parut assez grande, & magnifique *cosi cosi*, les avenuës étant occupées par des soldats qui arrêtent le monde à la premiere porte, jusqu'à ce qu'on vous ait jugez dignes de passer plus avant; ce qu'on n'accorde pas à tous les étrangers. L'Abbaye ou Cloître des Moines est dans un Fauxbourg, ou une partie de la Ville séparée, que nous laissâmes à droite en entrant. Toutes les avenuës étoient pleines de pierres taillées & de materiaux, pour rebâtir l'Eglise, que le Prince fait renouveller dès les fondemens, & qui à proportion des moyens, qu'il en a, sera rebâtie avec beaucoup plus de magnificence qu'elle n'étoit. Il y avoit encore en pied quelques murs de l'ancienne, qui ne laissent voir qu'elle ait été autre qu'un bâtiment assez haut, & avec peu d'ornemens, ces murailles montrant simplement d'avoir soûtenu un plafond, & des inscriptions qui accusoient le temps qu'elle avoit été bâtie, au lieu que le dessein de la moderne est de la faire avec tout l'art & les ornemens, dont elle est capable. Il reste en pied une partie de cette Eglise, qui paroît avoir été hors d'œuvre du premier bâtiment. C'est une voute assez longue, située selon la largeur de l'autre, où les Moines chantent leurs Offices, en attendant que le nouveau Temple soit bâti. J'avois crû que tous ces Religieux étoient nobles, selon la pratique de plusieurs Provinces, où ces Monasteres anciens & riches sont réservez à la Noblesse, comme des moyens aux familles moins accommodées d'y loger quelques-uns de leurs enfans, qui considérant ces retraites, comme des Séminaires, ou des hôpitaux, où ils entrent quasi par nécessité, ne se mettent pas fort en peine d'accommoder leurs mœurs, aux régles de la vie Religieuse. Mais on m'assûra que les Moines de Fulde n'ont point cette obligation d'être nobles, peut-être à cause de la difficulté d'en trouver un nombre suffisant pour remplir la Maison, qui n'en avoit cependant que vingt-deux à nôtre passage. Il est vrai qu'ils nous dirent que leur Communauté n'étoit pas là toute, y ayant un nombre presque égal, d'autres dispersez, & vivant sur les diverses métairies ou possessions de l'Abbaye. Vie encore moins propre pour y pratiquer les régles de la Religion, parmi l'amusement continuel de la vie champêtre. Aussi a-t-on coûtume de donner ces Intendances, & Gouvernemens des biens champêtres aux Moines plus âgez, comme pour les récompenser, & les soulager des fatigues, qu'ils ont soûtenuës dans une longue obser-

vance

vance des austeritez du Cloître, qui ne
font pourtant pas fort grandes à Fulde,
ou je fuis bien trompé J'entamai quelques
difcours avec un de ces Religieux, & comme la Langue Allemande ne m'eft pas connuë, je crus pouvoir parler Latin à un homme qui parle tous les jours affez long-temps
à Dieu en cette Langue. Mais je me pris
garde que cela l'incommodoit, & lui ôtoit
la liberté de me dire plufieurs chofes, qu'il
paroiffoit difpofé à me vouloir communiquer, fi la converfation eût été plus
libre.

Comme la charge & dignité d'Abbé de
Fulde eft fort confidérable, & la premiere
dans l'Empire, que puiffe occuper un Religieux, ce n'eft pas merveille fi elle n'eft
poffedée que par des perfonnes de naiffance, & d'une qualité diftinguée. Cela eft
caufe, que par égard à eux-mêmes, & pour
fe procurer l'appui d'une Maifon de foi
puiffante, quand les Religieux n'en ont
point de cette diftinction dans leur Communauté, ils en choififfent un étranger, comme ils firent le Prince de Bade, qui fut
depuis Cardinal, qu'ils tirerent de fon Abbaye de Kempten pour être Abbé de celle-
ci, où il eft mort, & où nous vîmes fon
Maufolée encore en pied près d'un Autel
de la vieille Eglife.

Nous ne quittâmes le petit païs de l'Ab-
C 4

bé

bé de Fulde que le jour ſuivant, car nous
y couchâmes encore à *Fliden*, lieu miſéra-
ble de cet Etat, près duquel nous vîmes
une eſpece de Château, ou Maiſon de plaiſance, qui appartient à l'Abbé, & où apparemment il a coûtume de loger, quand
il ſe divertit à ſes chaſſes, auſquelles eſt
extrémément propre tout le païs d'alen-
tour. On touche ſur la route quelques lieux
du Comte de Hanau, mais nous dinâmes
à *Salminſter*, qui appartient à l'Electeur de
Mayence, de même que *Wertheim*, tous
deux lieux aſſez pauvres, & dans leſquels
les Catholiques ont le libre, & public exercice de leur Religion, & les Moines mêmes y ont des Cloîtres. Je fus curieux d'entrer à Wertheim dans une Egliſe de P P.
Recolets, en ſortant de laquelle pour voir
le Cloître je fus rencontré par un Religieux, qui m'ayant reconnu pour Catholique vouloit jetter la maiſon par les fénêtres de joye, & me traina à toute force au
Refectoire, où il falut boire, à la mode
des Allemans, & où apparemment les choſes
ſe ſeroient bien paſſées d'autre façon, ſi
comme il m'invitoit de tout ſon cœur, j'a-
vois voulu paſſer la nuit dans le Couvent.

Gelhauſen dans le Comté de Hanau, où
nous vînmes coucher, eſt une Ville Imperiale, antique, & délabrée, mais avec
une fort belle, & magnifique Egliſe, bâtie

.tie depuis plufieurs fiécles, comme il paroît. Le Peuple y eft Proteftant, fans avoir pourtant fait aucun changement dans l'Eglife, où l'on voit encore les Chapelles felon l'ufage des Catholiques, & des images & ftatuës des Saints, qu'on laiffe en repos, quoi que fans culte, apparemment parce que l'Eglife étant grande, & fpacieufe, le peuple, qui n'eft pas nombreux, fe contente de la nef, fans fe mettre en peine de ce qui fe paffe dans les Chapelles. Les murailles de la Ville font moins que rien, & une partie de la même Ville eft comme féparée & forme une efpece de Château, ou Ville baffe, qui n'eft ni plus belle, ni plus riche que la haute. Il y a cependant des vignes fort belles, & bien cultivées aux avenuës de la Ville: mais le vin ne vaut pas grand' chofe.

On trouve au fortir de cette Ville à droite du grand'chemin dix-fept croix de pierre, plantées en terre dans les lieux où moururent autant de perfonnes, pour l'occafion que je vais dire. Le fils d'un boucher badinant avec un autre enfant de fon âge, pour lui faire voir la maniere, dont fon pere égorgeoit les animaux, le tua effectivement en lui mettant le couteau dans la gorge. L'âge du meurtrier ayant perfuadé à la Juftice, qu'il avoit eu une malice fuffifante pour meriter fon châtiment, le condanna lui-même à la mort nonobftant toutes les prie-

res

res du pere, qui réclamoit l'innocence de son fils juftifiée par la foibleffe de fon âge. Celui-ci n'ayant pû rien obtenir, & l'enfant étant conduit au fupplice, le pere poffedé d'un defefpoir furieux court le poignard à la main au lieu de l'execution, & ayant arraché fon fils des mains du bourreau, qu'il tua le premier, s'enfuit avec lui, & pour fe faire place au travers de la foule, qui a coûtume d'affifter à ces fortes de fpectacles, continuë à tuer à droite & à gauche tous ceux qui fe préfentent pour le retenir, jufqu'au nombre de dix fept, en memoire defquels font plantées les croix, dont je vous ai parlé. Terrible exemple de la hardieffe, dont le cœur humain eft capable, quand il eft poffedé de fureur, & qui rend croyable la fierté de certains habitans de l'Ifle de Macaçar, qu'on affûre difpofez à aller donner la mort à quel homme que ce foit, quelque défenfe qui l'environne, quand ils ont refolu, ou promis de le faire.

Nous vîmes par tout le chemin dans ce territoire des Chapelles, autrefois à l'ufage des Catholiques, mais aujourd'hui ou tout à fait negligées ou abattuës. Les pierres de ces édifices démolis ne font-ce point de celles, qui crient de la paroi, *clamabit lapis de pariete*, & qui réclament ceux qui les ont autrefois fait fervir à la gloire de Dieu,

Dieu, en les faisant servir à des lieux d'oraison?

Nous vînmes dîner à *Hanau* Ville double, & fortifiée avec des fossez pleins d'eau, qui entourent de bonnes murailles, revêtuës d'ouvrages des fortifications ordinaires. Elle appartient à un Comte de ce nom, dont la grandeur, & richesse de son Etat égale celle de beaucoup de Princes. Le Palais de sa Résidence est dans la vieille Ville, qui n'a rien de fort beau, mais la neuve est une Ville à charmer, dont toutes les maisons sont bâties à niveau, & forment de belles & larges ruës d'un bout de la Ville à l'autre. Il y a dans le milieu une très-grande Place, où toutes les ruës répondent, aux quatre coins de laquelle il y a quatre puits, & quatre Aopthicaireries. Au reste la Ville est fort marchande, & fait voir par la propreté des personnes & des maisons, que le négoce n'y est pas inutile. La Religion du païs est la Lutherienne, cependant comme le Comte a attiré dans cette Ville une grande quantité de François Refugiez, ceux-ci y ont une Eglise pour l'exercice de leur Religion, & y combattent fortement avec leur travail contre la pauvreté, qui fait assez souvent une compagnie incommode à ceux qui sont hors de leur païs.

Le Prince ou Comte de Hanau fait bâtir

sur

ſur la rive du Mein à quelque diſtance de la Ville une grande Maiſon, qu'on nous dit qu'il avoit envie de faire auſſi belle, & auſſi grande que Verſailles. L'entrepriſe eſt un peu difficile, & la dépenſe forte, c'eſt pourquoi je m'imagine qu'il en ſera comme de la Cour de Savoye comparée à celle de France, qui au dire d'un Auteur François, fait tout ce qu'elle peut pour imiter cette grande rivale, c'eſt à dire, que le Comte de Hanau fera tout ce qu'il pourra pour élever un beau Palais, lequel à la proportion de ſes forces avec celles du Roi Très-Chrétien pourra être comparé à Verſailles. Ce qui eſt déja bâti eſt d'une aſſez grande apparence, & ſert de demeure au Comte Souverain du païs. Il y a à Hanau un de ces Colleges que les Proteſtans appellent Illuſtres, dans leſquels, comme dans ceux qu'on voit en beaucoup de Villes d'Italie, la jeune Nobleſſe eſt élevée à tous les exercices du corps & de l'eſprit, qui ſervent à former un Gentilhomme. Cette lettre eſt déja ſi longue qu'elle ſera hors de meſure comparée aux autres, mais peut-être n'en ſera-t-elle pas pire. Nous voici arrivez à Francfort, d'où je vous aſſûre que je ſuis,

MONSIEUR,

Francfort
1704.

Vôtre très-humble.
IX.

IX. LETTRE.

De Francfort à Cologne.

MONSIEUR,

J'Ai demeuré quelques jours à Francfort, parce que la Ville en vaut la peine. C'est une belle, & grande Ville Imperiale, sur le fleuve Mein, renduë fameuse par les élections des Empereurs, que les Constitutions de l'Empire commandent y être faites : ce qui y attirant les Electeurs, la plûpart de ceux-ci y ont des maisons en propre avec leurs armes exposées sur le frontispice. La Ville est extrémément marchande, à quoi contribuent principalement les foires des plus célebres de toute l'Allemagne, qu'ils faillirent cependant à perdre il y a quelques années par l'obstination, où ils étoient de ne pas rendre l'Eglise Cathédrale aux Catholiques, qui l'avoient toûjours possedée. La Ville de Nuremberg insistoit puissamment à ce que l'Empereur leur fît sentir ce châtiment, & transferât

les

les foires dans leur Ville, auquel effet ils offroient trois de leurs plus belles Eglises aux Catholiques, & des revenus suffisans pour entretenir le Clergé nécessaire à les desservir.

Les Catholiques ont à Francfort neuf Eglises, les autres étant à l'usage des Lutheriens, les deux Religions étant mêlées dans la Ville, avec une entiere & parfaite intelligence entre les uns & les autres, qui s'allient avec des mariages continuels. Que croyez-vous, Monsieur, de ces mariages bigarrez? Je sai qu'ils ont été très-permis au commencement du Christianisme, par la raison qu'un des mariez se convertissant à la foi, on ne l'obligeoit pas de se séparer de sa partie, de peur de donner lieu au désordre, qui auroit suivi de cette séparation? Mais que des Chrétiens d'alors épousassent de gayeté de cœur des personnes, qui ne leur étoient pas semblables dans la profession de la même foi, c'est ce que je doute qu'il fût fréquent; les exemples de Ste. Cecile & d'autres semblant persuader le contraire. Cependant, comme je vous ai dit ailleurs, les mariages sont fort fréquens dans les Villes Protestantes d'Allemagne, & je vis en particulier à Leipsic des Catholiques habituez en cette Ville, & mariez avec des Lutheriennes, & qui sous le prétexte d'un négoce qu'ils pourroient aussi
bien

bien exercer ailleurs, & qu'ils font là, demeurent les années entieres sans faire aucun
exercice de leur Religion, excepté quelques
Meſſes qu'ils entendent dans le temps des
foires, des Moines qui y abordent en ces
occaſions, peut-être autant pour trafiquer
des aumônes pour eux, que par aucun zele
qu'ils ayent d'aſſiſter leur prochain. Je
ſai bien que je ne conſeillerois jamais ni ces
mariages, ni ces ſejours dans les païs Proteſtans, où les occaſions de changement de
Religion ſont plus fréquentes qu'on ne le
peut dire, & les moyens auſſi rares de recevoir les Sacremens.

L'Egliſe principale des Catholiques vul-
gairement appellée le Dome, eſt un vieux
bâtiment, que les habitans croyent avoir
été fait conſtruire par Charlemagne. Il y
a une Chapelle ou Sacriſtie à droite du grand
Autel, où l'on fait la fonction d'élire les Empereurs : lieu fort peu digne d'une fonction
ſi célebre, puis que tout s'y reſſent d'une
vieilleſſe, & d'une pauvreté, qui n'eſt pas
loin de la gueuſerie, ſi on a égard à l'u-
ſage auquel elle eſt deſtinée. Il y a un Bur-
ſevot mitré ou Suffragant de Mayence, qui
officie en ce Dome, & celui qui l'eſt actuellement eſt privé de la vûë à cauſe de ſon
extréme vieilleſſe. Je vis peu de Chanoines au Chœur, quoi que ce fût un Diman-
che, & des Maîtres d'écoles mêlez parmi
eux

eux qui aidoient à chanter, & y faire une Musique abominable. Quatre chandelles sur l'autel étoit toute la pompe, & au lieu des Diacres, & Soûdiacres assistans au Chanoine qui célebroit, deux marmoulets vétus de robes jaunes sous un lambeau de toile, façon de surplis couleur peu séante à la gravité des fonctions sacrées, ausquelles ils assistoient comme Ministres.

Les Protestans ayant bâti dans cette Eglise pendant qu'ils la tenoient un grand étage, ou loge exhaussée sur le plan, & qui entoure tout le dedans de l'Eglise, selon la coûtume, que j'ai observé, qu'ils ont en plusieurs lieux, de destiner ces loges aux personnes les plus respectables, qui viennent à la priere, pendant que le bas de l'Eglise est comme abandonné aux femmes, & au petit peuple, les Catholiques les y ont laissez, quoi qu'ils ne s'en servent point. Et outre cela il y a dans la même Eglise une Horloge d'un artifice singulier, puisque le tour d'une seule rouë y marque tous les jours & les fêtes de l'année, sa revolution ordinaire ne finissant qu'au bout de 366 jours, outre tous les changemens de Lune, & toutes les autres particularitez des Horloges communes, qui y sont specialement indiquées. Les autres Eglises à l'usage des Catholiques n'ont rien de particulier, non plus que celles qui servent
aux

aux Lutheriens, excepté celle de S^te, Catherine (car elles ont toutes appartenu aux Catholiques) qui est assez belle avec une voute de bois ornée de diverses peintures. Celle-ci comme toutes les autres Eglises des Protestans en Allemagne, n'ont point d'autres ornemens au dedans, qu'une quantité d'écus ou armoiries des personnes enterrées dedans, lesquelles sont ordinairement peintes dans une espece d'ornement, non pas comme une simple cartouche, mais avec des piliers, & des frises, qui les font paroître comme de retables de petits autels, enjolivez avec de l'or, & avec le jour du mois, & de l'année de la mort de celui duquel elles contiennent les armes.

Les Lutheriens n'ont point à Francfort d'autels comme en Saxe, & n'y disent point de Messes. Il y a bien dans cette Eglise à la place de l'autel, & contre la muraille, un tableau de Jesus Christ priant au jardin des Olives, mais ensuite il n'y a qu'une table, derriere laquelle le Ministre se met dans les jours de Communion, & la donne à tous ceux qui se présentent & passent devant la table, selon leur ceremonie; au lieu qu'en Saxe ils disent la Messe à leur maniere, & ont retenu des autels comme les Catholiques.

La Maison de Ville n'est nullement considérable pour un peuple aussi riche que celui de Francfort, & dans toute la Ville il n'y a quaſi qu'une belle & large ruë, les autres étant tortuës, courtes, & étroites. Les maiſons y ſont pourtant quaſi toutes peintes, mais baſſes, & la plûpart à deux étages ſeulement. Ce qu'il y a de fort beau eſt le Quai hors, & proche des murs de la Ville, où il y a un concours continuel de monde occupé à charger, ou décharger les marchandiſes des bateaux, qui viennent par le Mein. Les Religieux Catholiques ont pleine liberté de marcher par la Ville avec les habits de leur Ordre; y ont leurs Cloîtres & leurs Egliſes ouvertes; & à proportion des Egliſes le nombre des habitans Catholiques doit être plus grand que celui des Lutheriens, puis que ceux-ci n'en ont que ſept & les autres neuf. Cependant les Magiſtrats ſont Lutheriens ſans mélange de Catholiques, qui cependant vivent enſemble avec une ſi bonne intelligence, qu'ayant demandé par hazard à un Libraire Catholique s'il n'avoit point de livres de Controverſe, il me répondit bruſquement que ces ſortes de livres étoient bannis de ſa boutique, & de celles de bien d'autres Libraires, qui ne vouloient, comme lui, rien avoir, qui ſervît à ſemer de la jalouſie, & de la haine entre les deux Religions, qui vivoient en parfaite amitié à Francfort.

Il

Il y a plufieurs belles maifons en cette Ville, & outre celles que j'ai dit appartenir en propre à des Electeurs, il y en a plufieurs autres qui appartiennent à de riches marchands, fort bien bâties, & qui ont plus l'air de Palais que de maifons bourgeoifes. Ici comme à Leipfic la plûpart des maifons ont des logemens jufques au haut des toits, percez comme là, de plufieurs étages de fénêtres. On conferve fur la porte d'une de ces belles maifons les armes de l'Empereur, parce qu'il y logea, quand il vint à Francfort pour fon élection. Il y en a une autre, où les armes de France font de même expofées fur le frontifpice, parce qu'il y logeoit devant la guerre un Miniftre du Roi Très-Chrétien avec le titre de Réfident. Que font ces Miniftres de France dans des Villes particulieres, où le Roi n'a aucun interêt d'en tenir? Il y en avoit un à Strasbourg, qui par fon féjour faifoit une authentique déclaration que S. M. T. Chrétienne reconnoiffoit cette Ville & petite République pour tout à fait indépendante, & cependant, quand on trouva bon de s'en faifir, on publia fans façon que le Roi l'avoit toûjours confidérée comme fienne, & comme une partie de l'Alface, qui lui avoit été cedée par les Traitez de Weftphalie. Ces Meffieurs, façons de Réfidens vivent dans ces grandes

Villes

Villes de l'Empire, apparemment pour y négocier leurs coquilles. En effet, ils ont toûjours leurs poches pleines de nouvelles à l'avantage de la France, & des magazins pleins de raisons pour excuser ses entreprises, quelles qu'elles soient, font belle dépense, gagnent les esprits par leurs cajoleries & manieres insinuantes, regalent à propos, & hors de propos ceux qu'ils croyent capables de servir, mais à quoi? à brouiller les cartes, & avancer dans un besoin les desseins de ceux, qui sont tout disposez à leur faire changer la belle liberté, dont la plûpart ne savent que faire, aux chaînes de la plus esclave sujettion. Si la dépense de maintenir des Résidens dans des lieux, où les interêts de la Couronne ne peuvent avoir aucune part, ne va pas là, je ne sai où elle peut aller, & s'il faut dire la verité, je croi qu'on épargneroit bien des maux à l'Europe, si on s'en tenoit à l'ancien usage de n'envoyer des Ambassadeurs, ou des Ministres, que dans le besoin précis de traiter quelque affaire entre des Souverains, ces Ministres à tout hazard, ne cessant jamais, pour se rendre importans, de machiner quelque chose, dont les suites n'iront jamais au bien de ceux, parmi lesquels ils demeurent, quelque grimace, & protestations d'amitié qu'ils leur fassent, puis que l'interêt de celui qui les

envoye

envoye n'eſt nullement de les maintenir dans une paix, dont il ne retireroit aucun profit. On prévoit & on pourvoit à tout, parce qu'on eſpere, & qu'on travaille à ſurprendre, & à prendre tout. Le Roi, dit-on, n'a pas cette penſée, & n'eſt pas même informé de ces minuties, & des empreſſèmens, peut être irréguliers, dont ſe peuvent entêter ces petits Miniſtres. Pourquoi n'y pas prendre garde? Car enfin, ſi cela eſt, ils font tort à la reputation de leurs Maîtres, qu'ils rendent odieux par l'ambition, dont ils donnent ſujet de le charger.

Il y a juſqu'au nombre de trente mille Juifs à Francfort, mais tous aſſez pauvres, ſi on en doit juger par leurs habits, & par leurs Synagogues, qui ne ſont gueres plus que des réduits de gueulaille. Tant les hommes que les femmes portent les fêtes une eſpece de ſurtout pliſſé & ſans manches avec des agrafes d'argent, ou argentées, & des fraiſes, les hommes toutes bleuës d'amidon, & les femmes blanches, & aſſez bien godronnées. Au lieu de chapeaux les hommes ont des larges toques de drap comme le Capitan Scaramouche de la Comédie, mais encore plus larges, & plus roides, de ſorte qu'ils paroiſſent avoir en tête le fond d'un tonneau. Et les femmes ſont encore plus ridiculement coiffées, ayant

D 3

une

une efpece de bonnet, qui finit en deux cornes exhauffées, l'une noire & l'autre jaune, ou orangé, une grande partie couverte de papier de cette couleur, ces deux étalages chargez de faux brillans comme des pendans d'oreilles, & d'autres babioles, qui ne font d'aucun prix. Le furtout des femmes un peu plus riches eft brodé fur les plis par le haut, mais cette mantille pour les plus pauvres eft purement de toile noire pliffée, & furfemée de papillottes d'argent faux, qui les fait paroître comme des marionettes enveloppées de quinquaillerie.

Il y a une autre Ville ou Fauxbourg de l'autre côté du Mein, qu'on paffe fur un beau pont de pierre, qui les joint immédiatement toutes deux. Cette feconde Ville s'appelle *Saxenhaufen*, ou Camp des Saxons, à caufe d'une armée de ceux-ci, qui y campa, & y campa affez long temps, pour en faire une Ville avec des bâtimens à chaux & à fable. A quelle occafion fut-ce que ces Saxons vinrent, & fe campèrent là? C'eft ce que je ne faurois vous dire ne l'ayant point appris jufqu'à préfent. Ce dont je puis vous affûrer eft qu'aujourd'hui la Ville de Saxenhaufen eft affez bien bâtie, & a fes fortifications, qui dominent une belle campagne de ce côté-là, comme elle l'eft du côté, par où nous entrâmes, où le chemin eft par l'efpace d'une heure entière

entiere bordé à droite & à gauche de jardins
& de Maiſons de plaiſance très-agreables à
voir.

Dès le premier repas que je pris à Francfort on me fit boire, mêlées avec le vin, des
eaux minérales de *Schwalbach*, qui penſe-
rent me faire crever la nuit, & le jour ſuivant. Ces eaux ont le goût, mais plus pi-
quant, de l'*aqua acetoſa* de Rome, & on
en débite & tranſporte des bouteilles cache-
tées par toute l'Allemagne, & la Hollande, où elles ſont eſtimées. Je crûs d'avoir
bû les eaux ameres qui faiſoient mourir les
femmes Juïves, qui n'avoient pas été fidéles à leurs maris, & je fais d'autant plus
volontiers une même comparaiſon de ces
deux ſortes d'eaux, que celle de Schwalbach, ne fait aucun dommage à ceux du
païs, & aux Allemans, qui en boivent, au
lieu qu'elles faillirent à me faire mourir,
comme les eaux des Juifs ne cauſoient aucune douleur aux femmes innocentes, &
cauſoient la mort aux coupables. Je n'avois
pourtant commis aucun crime de l'eſpéce
de ceux dont les eaux des Juifs étoient ven-
gereſſes; auſſi n'en mourus-je pas, & j'en
fus quitte pour de bonnes tranchées, qui
aſſûrément m'incommoderent bien fort
pendant quelque temps.

L'effet particulier de ces eaux de Schwalbach eſt d'empêcher les obſtructions, &

D 4

de

de corriger les indigeſtions, maladie ordinaire de ceux qui ſuccombent à l'intempé-
rance du manger. C'eſt pourquoi les Allemans content pour une grande faveur du
Ciel ces eaux qui ſe trouvent chez eux,
comme ceux qui ſont les plus ſujets à avoir
beſoin de ce remede. J'avois déja pris garde, en quelques lieux de ce païs où j'avois
vû quelques malades, qu'on avoit commencé leur cure par des vomitifs, ce qu'on
m'aſſûra qui ſe pratiquoit dans toute ſorte
de maladies, ſans doute parce que ces maladies ne leur viennent ordinairemént que
de quelque repletion, qui embaraſſe la chaleur naturelle, & met la bonne conſtitu-
tion du corps en déſarroi. C'eſt donc un
grand tréſor pour des Allemans que d'avoir
ce reméde promt à une maladie qui leur eſt
fréquente. Mais ſoit dit ſans les offenſer,
qu'ils jouïſſent paiſiblement de leur avantage, car n'étant aucunement ſujet à leur
indiſpoſition, je n'ai aucune envie ni beſoin de leur panacée.

La maniere ordinaire de voyager en ce
païs étant de s'embarquer, nous nous mî-
mes ſur le Mein juſqu'a Mayence, dans laquelle route il ne nous arriva rien qui merite de vous être rapporté. On s'embarque
le matin, & l'on arrive le ſoir à Mayence,
d'où ſi l'on veut l'on peut encore le même
jour prendre un autre embarquement ſur

le

le Rhin, qui conduit jusqu'à Cologne. Je ne vous saurois rien dire de *Mayence* que vous ne sachiez déja. C'est une vieille & assez grande Ville, bâtie dans l'endroit où le Mein se jette dans le Rhin, Siége & Domaine d'un Archevêque qui est le premier entre les Electeurs de l'Empire. Le Prince d'aujourd'hui est un Baron de Schonborn, d'un âge frais & dont tout le monde dit du bien : bon Alleman, attaché à l'Empereur & à l'Empire, jusqu'à se bannir volontairement du lieu de sa Résidence, plûtôt que d'y voir les François, qui s'en étant saisis en furent cependant chassez dans la derniere guerre, avec un siége aussi glorieux à la nation Allemande, que les François qui avoient une armée dans la Ville firent de plus grands efforts pour s'y maintenir. Comme les fortifications de la place ne sont pas considérables, ils l'avoient fortifiée à leur mode, c'est à dire, avoient élevé des travaux tout autour, dans lesquels ils pensoient bien se défendre, mais comme j'ai dit, & comme vous le savez, Charles le Grand Duc de Lorraine les obligea d'avouër que si un corps de douze mille François bien résolus est capable de la défense la plus vigoureuse, une armée Allemande est encore plus capable d'en triompher, comme on a vû dans celle-ci & dans d'autres occasions.

D 5

Com-

Comme le Rhin eſt fort large devant Mayence, on le paſſe ſur un pont de bateaux de neuf cens pas de longueur, au bout duquel on trouve la petite Ville de *Caſſel*, qu'on tâchoit de fortifier avec des paliſſades & des travaux de terre à nôtre paſſage. Le Rhin enſuite forme dans ſon cours une quantité d'Iſles, dont la plûpart cependant n'ont rien de conſidérable. La premiere qu'on trouve au ſortir de Mayence eſt une eſpéce de Parc, où l'Archevêque a une Maiſon de plaiſance, un jardin & un Parc où il tient du gibier pour pouvoir prendre le divertiſſement de la promenade & de la chaſſe. Nous ne pûmes pas bien découvrir la maiſon en décendant dans le bateau, parce qu'elle étoit à couvert de beaux arbres de haute futaye dont l'Iſle eſt bien pourvûë, ce qui en rend la promenade, & la chaſſe plus agréable.

A propos de bateau je dois vous dire, que la commodité de voyager dans ceux qu'on prend à Mayence juſqu'à Cologne ne ſauroit être plus incommode. Ce ſont de méchans petits bâtimens, qui ne ſont ordinairement deſtinez à faire qu'un voyage, parce que les bateliers ont coûtume de les laiſſer & les vendre à Cologne, où l'on les achete bien ſouvent pour le ſeul uſage d'en faire du feu, ou de les faire ſervir à la pêche. Il ne faut pas demander après cela
s'ils

s'ils ont quelques agrémens, car on les doit
fuppofer petits, & couverts feulement d'u-
ne toile, de forte que la fortune de ceux
qui s'y embarquent eft qu'il ne pleuve pas,
autrement ils feront mal à couvert de la
pluye. Leur petiteffe eft encore la caufe
qu'il faut être toûjours affis, & preffez,
car il y a toûjours nombreufe compagnie,
ce qui fut caufe que je ne voulus jamais
m'embarquer le premier jour, que je vis
tant de monde fe jetter dans une de ces barques, où les genoux de chacun fe touchent,
ne croyant pas fûre une navigation, que je
voyois fi chargée au milieu, & dans le cou-
rant d'un fi grand fleuve. Ajoûtez à cela la
puanteur des pipes (car vous favez, que fu-
mer la pipe eft le grand & continuel regal
des Allemans de quelque condition qu'ils
foient) la vûë chagrinante de toute forte
de monde, qui pour fon argent trouve lieu
dans la barque à mefure qu'il y entre, &
l'ennui de ne pas entendre la langue du païs,
& qui m'auroit fait faire le voyage fans parler, fi je n'avois trouvé quelques Moines
avec qui difcourir, au moins de quelques
pauvretez: J'eus cependant avec un de ceux-
ci, qui étoient dans la barque, qualifié du
titre de Lecteur dans fon Ordre, quelques
difcours de Théologie, & en particulier
des queftions de la Grace, fur lefquelles je
connus qu'il étoit Molinifte. Ce qui me fit
faire

faire réfléxion fur l'adreſſe avec laquelle les Jeſuites s'employent de tous côtez à entraîner le monde dans leurs opinions, qui ſelon le cours des choſes ne peuvent manquer de prendre avec le temps le deſſus dans les écoles. Ils ne ſauroient faire ceci qu'en cajollant les autres Religieux, & gagnant leurs Superieurs aſſez ſouvent ignorans, à ce qu'ils défendent à leurs Lecteurs d'enſeigner une autre doctrine, que celle, qui eſt ſi bien reçûë aujourd'hui par tout, quoi que quand il s'agit de leur enlever l'eſtime du monde, ils n'employent pas un moindre ſoin à les ridiculiſer & les décrier, ſoit dans leurs livres, ſoit dans les entretiens qu'ils ont avec le tiers & le quart. Les œuvres du P. Bolland, & de ſes Conſorts font aſſez connoître, qu'ils ne ménagent aucun Ordre Religieux, auſquels ils ont enlevé tous les Saints qu'ils ont pû, de même que les écrits & les défenſes reciproques de ces Ordres Religieux à maintenir ce qu'on leur a voulu arracher, font une preuve de cette eſpece de perſécution.

Au reſte ce Lecteur ou Profeſſeur Religieux, avec lequel je m'entretenois, n'étoit nullement homme chagrin, & par tout, où nôtre barque abordoit (car on aborde quaſi à tous les lieux ſur la route pour mettre à terre & pour recevoir du nouveau monde) il m'invitoit à boire le petit coup

ſans

sans parler des soirées, & des gîtes, où il faloit que je lui tinsse tête, autrement nôtre commerce auroit été estropié, au hazard de l'offenser encore davantage. Avec ces rafraîchissemens de gosier les disputes alloient avant, & nous nous entretenions assez familierement de tout ce qui se présentoit à nôtre imagination. Je tirois de plus un autre avantage de ma complaisance, qui étoit que le Pere me servoit d'Antiquaire, & que comme il avoit plusieurs fois roulé le pais, il en savoit toutes les veritez, & les fables.

Il me fit remarquer *la Tour aux rats* dans la suite de nôtre navigation, fameuse par le châtiment miraculeux de cet Archevêque de Mayence, qui y ayant fait brûler une quantité de pauvres, sous prétexte que comme des rats ils consumoient inutilement les grains, y fut lui-même mangé des rats, sans qu'aucune diligence humaine le pût exemter du supplice, dont Dieu vouloit punir son inhumanité. Il me montra aussi une autre Isle d'un souvenir plus consolant, savoir celle qui est à l'endroit du Bourg de *Baccharach*, où l'on voit encore aujourd'hui une espece de petit bâtiment quarré, & quelques autres rochers autour, qu'on croit avoir été autrefois des autels & des lieux consacrez au Dieu du vin, où l'on le remercioit des benedictions parti-
cu-

culieres, qu'il répandoit sur les rivages voisins, qui sont en effet couverts de belles vignes, & où l'on voit croître, (particulierement à droite dans un petit païs qu'on appelle Rhingau) les bons vins du Rhin, qui consolent si sensiblement, & inspirent de si belles pensées aux Allemans.

Au reste tous ces rivages sont bordez de belles collines sur lesquelles on voit par tout & de beaux Villages & de misérables ruines de Châteaux démolis, par la nécessité d'ôter ces retraites à une prodigieuse quantité de voleurs, qui desoloient autrefois le païs. Cela veut dire que les Gentilshommes, qui habitoient ces Châteaux, exerçoient eux-mêmes le métier de voleurs, ou ce qui est plus vrai-semblable, se contentoient du partage des vols, que faisoient en personne des voleurs de profession, ausquels ils accordoient la retraite dans leurs forts. Cette histoire est un peu honteuse pour la Nation Allemande : mais qu'y faire ? Il est sûr que pendant l'Interrégne, ou la vacance de l'Empire, qui préceda l'élection de Rodolphe I. d'Habsbourg, à cause de la justice negligée par le manquement de Souverain, qui en maintînt l'exercice, le nombre des voleurs étoit si grand, & les vols si fréquens, qu'un Archevêque de Mayence ne pût sortir d'Allemagne pour faire le chemin de Rome avec

avec quelque aſſûrance , qu'eſcorté d'un nombre d'hommes armez que lui mena le même Rodolphe, dont il fut accompagné juſqu'en Italie , & au retour encore des frontieres d'Italie juſqu'à Mayence. Ce qui fut une des raiſons, pour leſquelles ce même Archevêque, le jugea, & le fit reconnoître à ſes Coelecteurs pour le Prince le plus digne de l'Empire , & tel qu'il en étoit beſoin pour relever, comme il fit par la chaſſe qu'il donna aux voleurs, & par la ruïne des Châteaux qui leur ſervoient de retiaite, la gloire tout à fait abattuë de l'Empire.

Entre ces Châteaux démolis on en voit un de fortifié ; c'eſt celui de *Claub* à droite du Rhin en décendant , & du Domaine de l'Electeur Palatin, (car les Juriſdictions ſont fort mêlées dans ce païs, & les Electeurs voiſins du Rhin ont tous quelques places ſur ce fleuve.) En face de ce Château il y a une Iſle, & un autre Château dedans, nommé *Phalts*, où l'on dit que les Princeſſes Palatines avoient coûtume de venir accoucher, peut-être à cauſe de l'a-ménité du lieu, ou parce que cette place étoit la premiere & la plus importante du Patrimoine de leurs maris; ou peut-être encore, pour plus grande aſſûrance de leurs perſonnes, de leurs fruits, & de leurs fa-milles, dans les temps que les vols étoient

ſi

ſi fréquens dans le païs, où elles n'auroient pas crû être auſſi aſſûrées, par tout ailleurs. Il y a encore aujourd'hui un bâtiment, qui pourroit paſſer pour un des beaux Châteaux & des Palais de ce temps-là, mais qui ne ſervoit à nôtre paſſage, non plus que le Château de Craub, qu'à y tenir en arrêt une quantité de François, faits priſonniers, dans le temps, que ſelon la coûtume qui ſemble leur être aujourd'hui particulierement propre, ils venoient ſaccager le Palatinat. Voici, dites-vous, un petit trait décoché, qui va à ſon but. Et moi je vous réponds que nonobſtant vôtre penchant vers la France, vous aurez bien des maux de la juſtifier de bien des choſes, qui ne lui font pas d'honneur, & dont les Payens mêmes ſe défendoient autrefois comme d'un honteux reproche. J'entends des manquemens de foi, des trahiſons, & des déſolations impitoyables, dont il ſemble qu'elle ne fait que rire. Le Palatinat entr'autres ſe ſouviendra long-temps de la guerre, qu'elle lui a fait, & des ruïnes qu'elle y a cauſées, au delà de toutes les violences, dont on a coûtume d'uſer dans la guerre. Mais les plaintes ne ſervent de rien à ceux qui ſouffrent, de même qu'elles ne ſerviroient de rien aux François, ſi les Allemans les allant viſiter chez eux, leur rendoient une partie de ce qu'ils leur ont ſi libéralement prêté.

prête. Ce dont je croi qu'on peut être sûr, est que l'avantage qu'on a sur ce peu de prisonniers, qui sont dans ces Châteaux, & le souvenir des choses passées, ne dispose pas leurs Géoliers à leur être plus traitables, & que les François dans ces solitudes passent mal leur temps, au moins le passent-ils bien solitairement, car le lieu est peu agréable à des gens renfermez & pressez comme ils sont. On pêche les saumons, dans la partie du Rhin, qui est au dessus & au dessous de cette Isle, & c'est apparemment ce qui peut rendre ce séjour le plus agréable.

Wesel est un beau Bourg à gauche du Rhin, qui appartient à l'Electeur de Tréves. On voit plusieurs Eglises qui se font distinguer parmi les autres bâtimens, de même que quelques Cloîtres de Religieux. Il y a un autre Wesel dans le Duché de Cleves, beaucoup plus bas, & à droite du Rhin, dont je vous parlerai dans la suite.

Rhinfels du même côté du Rhin que Wesel, & qu'on trouve en décendant, est une bonne Place, qui appartient aux Landgraves de Hesse-Cassel, contre laquelle le Maréchal de Tallard échoüa dans la derniere guerre. Elle a un Château qui veritablement est dominé, mais il y a des hauteurs de l'autre côté du Rhin, d'où l'on peut foudroyer les dominateurs, & battre en ruïne leurs batteries. Au reste la Ville est de bonne défense, & de l'autre côté du Rhin il y a un grand bâtiment, où l'on fond de l'artillerie, & où les soldats de la garnison ont coûtume de faire leurs exercices militaires. Le cours du Rhin est si rapide en ces endroits ici, que nous avions déja fait douze lieuës, dès le matin quand nous arrivâmes à Rhinfels pour dîner. Il faut supposer avec cela que nôtre bateau s'arrêtoit non seulement tous les jours pour le dîner & le coucher, mais en beaucoup d'autres endroits, où il y avoit des corps de garde pour reconnoître tous ceux qui décendoient ce fleuve ; ce qui étoit un chagrin continuel, causé par la longueur des examens de chaque personne en particulier, & par des difficultez formées souvent mal à propos par des gens, qui étoient ou prévenus, ou peu en état de juger équitablement des affaires.

Braubach est une autre Place, à côté droit du Rhin, qui n'est considérable qu'a cause d'un Château assez fort qui est au dessus, c'est à dire sur une colline à deux ou trois cens pas du Bourg qui est sur le bord du Rhin. Les François toûjours attentifs à faire tout le mal qu'ils peuvent, avoient dans la derniere guerre corrompu le Gouverneur du Fort : mais cinquante soldats envoyez pour l'occuper, en attendant une

plus

plus forte garnison, ayant été surpris sur le rivage, où ils avoient fait leur décente, & arrêtez, la chose fut découverte, & on empêcha que la trahison n'eût son effet. Entre le Bourg & le Fort, au milieu de la montée il y a une Eglise dans un terrein à guise de plateforme, sur lequel les François avoient déja projetté de dresser une bonne batterie, qui auroit foudroyé tous les bâtimens, qui se seroient présentez, & les auroit rendus maîtres de toute la navigation du Rhin. Mais Dieu ne permit pas que ce malheur arrivât à ces pauvres Provinces déja assez affligées, & dont la subsistance & le commerce dépendent quasi entierement de cette navigation; & pour le coup elles ne souffrirent pas un malheur universel, dont la perfidie d'un seul auroit été la cause.

Coblents est une bonne Ville à gauche du Rhin, & dans la pointe de terre que fait la Moselle en se jettant dans ce fleuve. Elle appartient à l'Electeur de Tréves, qui demeure dans un beau Palais sur le rivage opposé à la Ville, & sous lequel il y a une bonne batterie pour empêcher la décente, qu'on voudroit faire de la Moselle dans le Rhin. Au dessus du Palais ou Résidence de l'Electeur, il y a encore un Château ou Forteresse, mais irreguliere, d'où l'on pourroit foudroyer la Ville. Mais ceci ne seroit

qu'en

qu'en cas qu'elle fût occupée par l'ennemi, auquel cas le Fort pourroit fervir d'une derniere retraite à l'Electeur, dont on pourroit de même dès la Ville foudroyer la Réfidence. L'on travailloit à de nouvelles fortifications autour de Coblents, qui n'eft nullement une petite Place, & par conféquent a befoin d'une nombreufe garnifon en cas d'attaque, car il falut la traverfer toute entiere pour aller fe préfenter au Gouverneur, qui voyoit travailler à la porte la plus éloignée du rivage, & qui avoit donné ordre qu'on lui amenât tous les étrangers qui décendroient le Rhin. Les complimens qu'il nous fit, & le temps qu'il nous retint à difcourir, & à boire, furent caufe que nous ne pûmes dîner, mais en échange il ne tint pas à lui que nous ne reftaffions chez lui pendant quelques jours, apparemment à faire la même vie de parler de nouvelles, & de boire. Mais nous le priâmes de fouffrir que nous continuaffions nôtre route, & que nous ne perdiffions pas les compagnons de nôtre voyage.

Nous ne vîmes plus de Places confidérables fur les bords du Rhin jufqu'à Bonn, qu'*Andernac*, Place appartenante à l'Electeur de Cologne, dont il a falu chafler les François que l'Electeur de ce nom y avoit reçûs fous le titre de foldats du Cercle de Bourgogne. Nous fûmes d'ici jufqu'à Cologne

logne dans de continuelles allarmes de tomber entre les mains des François, qui faisoient des courses jusques sur le bord du Rhin, n'ayant aucun moyen de nous défendre s'ils nous avoient attaquez dès le rivage, & à coups de mousquets avoient obligé nôtre bateau à aborder & se rendre. Il y avoit d'autant plus de danger à ceci que les bateliers sont souvent eux mêmes les traîtres, qui mettent leurs passagers dans les mains des ennemis, comme il étoit arrivé peu auparavant à trois ou quatre personnes de qualité, qui furent ainsi livrées aux François par leurs bateliers, & qui ont été contraintes après cela de se racheter bien cherement. Comme l'argent fait tout il faut supposer que les François, quand ils rodent le païs, ont par tout des espions du païs même, qui les informent, & comme je vous ai dit que c'étoit une nécessité pour nous d'aborder à tout bout de champ. par tout où il y avoit des corps de garde de milices, ou de troupes réglées, il n'y a rien de plus facile, que de faire pénetrer aux ennemis la connoissance des étrangers, qui décendent, & que ceux-ci leur taillant le chemin les aillent arrêter aux lieux où ils savent qu'ils n'y rencontreront aucun empêchement. C'est ainsi que la guerre est *omne malum*, mal & malheur pour ceux-là mêmes, qui cherchent avec plus de soin à s'en éloigner.   E 3   *Bonn*

Bonn eſt la derniere Place conſidérable qu'on trouve juſqu'à Cologne. Elle eſt ſituée ſur la rive gauche du Rhin, méchante Ville, & bonne Place de guerre, lieu de la Réſidence ordinaire des Electeurs, qui ne ſont pas les Maîtres abſolus dans la Ville de Cologne, dont leur Electorat prend le nom. Je ne ſai par quel chagrin Monſieur Miſſon dans ſon Voyage dit que le Palais Electoral de Bonn n'eſt pas beau : Je n'entrai point dedans, mais l'apparence ne ſauroit être plus belle. Grand Palais, d'une ſtructure uniforme, & égale, au moins au dehors, & dans lequel le peuple dit qu'il y a autant de fénêtres qu'il y a de jours dans l'année, comme l'on dit à Rome du Palais de S. Pierre au Vatican. Pendant le ſéjour que nous fîmes à Bonn, je pris plaiſir à m'informer des diſpoſitions du peuple envers la nation Françoiſe, & il me parut de reconnoître qu'il n'avoit nulle inclination pour elle : ſoit que les alarmes continuelles, dans leſquelles il vivoit à cauſe des courſes, qui ne permettoient à perſonne de ſortir de la Ville avec ſûreté, ſoit que l'experience qu'il a fait du Gouvernement François l'ait aliené entierement de ſon affection. En effet on peut dire que la maniere Françoiſe de gouverner n'eſt bonne que pour les François, inſtruits & fondez dans une docilité aveugle

pour

pour tout ce qui plaît au Souverain, au lieu que les Allemans moins fufceptibles de ces difpofitions fi fouples, ont une repugnance naturelle à obéir à des Maîtres, qui veulent être fervis fans replique. Comme je penfe de faire quelque féjour à Cologne, je finirai ici cette lettre, réfervant à mon arrivée en Hollande, à vous faire favoir ce que j'aurai ici remarqué, & ce qui nous fera arrivé dans le refte de nôtre voyage. Je fuis cependant,

MONSIEUR,

De Cologne.

Vôtre très-humble.

X. LETTRE.

De la Ville de Cologne.

MONSIEUR,

POur continuer à vous donner part des oblervations que j'ai faites dans mon voyage, je vous dirai que la Ville de Cologne d'où je vous écrivis ma derniere lettre elt une vieille Ville tout ulée. Vieux bâtimens, vieux Couvents, vieilles ruës, vieux Dome, vieilles ordures, & vieille incivilité, le peuple y étant fier, & rultique. Voilà bien des vieilles choles, me direz-vous, pour un homme à qui la nouveauté plaît li fort. Mais qu'y faire ? Je luis Hiltorien & non pas Panegyrifte, & j'aime à appeller les choles par leur nom, ou au moins comme je croi de les connoître. Cologne cependant, nonobltant mon décri, elt une Ville en toute maniere conlidérable, pour lon antiquité, pour la grandeur,

pour

pour ses richesses, pour son importance, & ce qui lui est le plus glorieux pour sa pieté, & pour sa Religion Catholique, qu'elle se vante de n'avoir jamais altérée, & d'avoir toûjours été *Colonia Ecclesiæ Romana fidelis filia*, comme elle l'exprime dans ses cachets, & ses étendarts. C'est en effet le séjour ordinaire du Nonce Apostolique, que le Pape tient auprès des Electeurs du Rhin, & il ne pourroit demeurer dans une autre Ville, où il fût plus respecté qu'à Cologne.

Cologne est le siége d'un des Electeurs Ecclesiastiques, Chancelier de l'Empire, au moins en titre pour l'Italie : Archevêque des plus anciens dans la Hierarchie Ecclesiastique, & dont le Chapitre Cathédral est composé de soixante Chanoines tous nobles, & qui doivent s'être fait reconnoître pour tels par des preuves antécedentes, mais dont vingt-quatre seulement composent ce qu'on nomme *le Grand Chapitre* & ont voix dans les élections de l'Archevêque, & peuvent traiter des affaires de l'Eglise, qui appartiennent à leur Jurisdiction. Outre cela la désertion actuelle du Prince Clément de Baviere des interêts de l'Empire a donné lieu à des prétentions, que ce Chapitre s'attribuë d'une condomination avec son Prince dans le Gouvernement du Diocese, dont celui-ci ne con-

E 5

vient

vient point. Vous aurez lû sans doute les écrits & récrits piquans publiez sur cette matiere. La verité est que l'Empereur a appuyé le Chapitre, ou au moins a donné une pleine autorité au Prince de Saxe-Zeits Grand Prevôt du Chapitre pour gouverner en l'absence du Prince, qui s'est retiré & uni à la France, & qui sans aucun égard à sa nation, & à la fidélité dûë à l'Empire, avoit rempli toutes les Places de François, avec la prétention de plus de les faire considérer comme troupes du Cercle de Bourgogne, & de se justifier par là du reproche de déserteur de la cause commune. Ce nom même qu'il vouloit attribuer à des ennemis déclarez fait voir qu'il reconnoissoit sa fidélité obligée à l'Empire, puis qu'il vouloit la sauver par cette apparence. Mais enfin les effets étant contraires aux paroles, on a chassé les troupes prétenduës circulaires hors des Cercles de l'Empire, & l'Electeur n'ayant pas voulu revenir aux sentimens de sa premiere obligation a été contraint de se retirer en France, où il n'a pas, selon toutes les apparences, les plus grands sujets du monde d'être content de son changement. Il y a deux choses, qui paroissent étonnantes dans la conduite de ce Prince: la premiere que nonobstant les puissantes oppositions que la France avoit faites à son élection, qui n'a

eu

eu son effet que par les offices, & la force
de l'Empereur, il ait quitté celui-ci pour
se donner à l'autre; & la seconde qu'un
très-petit Sujet, ait été en ceci & en beaucoup d'autres choses l'arbitre, & la régle
de sa conduite; les conseils de celui-ci, que
personne ne doute qu'il ne fût gagné par la
France, ayant eu un perpetuel ascendant
sur son esprit, sans que l'Electeur soit jamais entré en défiance que cet homme le
conseillât mal, & par des inspirations étrangeres. Vous savez qui est ce Sujet, sans que
je vous le nomme.

Le Dome, ou Eglise Cathédrale de Cologne, est commencé sur un si grand & si
beau dessein, que s'il étoit achevé, ce seroit
une des plus magnifiques Eglises du monde. Ce dessein pourtant est à la Gothique
comme le Dome de Milan, c'est à dire extrémément exhauffé, & avec un tissu continuel d'ornemens Arabesques de pierre au
dehors. Ces godrons ou colifichets, étoient
du goût des vieux temps : mais on en est aujourd'hui revenu, & l'on bâtit avec une
symmetrie plus juste, & une magnificence
mieux entenduë. Le toit du Dome de Cologne est pourtant bien different de celui
du Dome de Milan, qui est tout plat, &
formé de grandes pieces de marbre, sur lesquelles on se peut promener; au lieu que
celui de Cologne est fait en pointe extrémément

ment aiguë, & couvert de plomb, peut-
être pour que la nége n'y pût demeurer,
& corrompre le toit.

Il y a un clocher commencé au bas, &
à côté de l'Eglise, & l'on voit encore la
grüe, ou inſtrument à lever les materiaux au deſſus de ce qui en eſt fait. Le
peuple, qui reçoit toûjours de bonne foi
les ſotiſes dont on veut le berner, dit que
le Diable eſt cauſe qu'on n'acheve pas ce
bâtiment, & qu'il l'a empêché par diverſes vexations qu'il a faites aux ouvriers, contraints à cauſe de cela de quitter l'entrepriſe. J'ai grand' peur que ce Diable ne ſoit
celui que le Gaſcon avoit au fond de ſa bour-
ſe, & qu'il voulut bien montrer après beaucoup de myſteres à quelques curieux de le
voir, ſavoir le nommé *point d'argent*, qui
eſt le grand & puiſſant Diable, qui empêche bien des choſes en ce monde ici, & tra-
verſe ſouvent les meilleurs deſſeins. Il y a
grand ſujet de croire ce Diable la cauſe,
pour laquelle on n'a pas continué à bâtir ni
l'Egliſe ni le clocher, qui reſtent tous deux
imparfaits, & qui font un peu de honte à
tant d'Archevêques, & de Princes qui ont
tenu le ſiége de Cologne, & n'ont pas eu
le courage d'y faire travailler, & d'employer à une œuvre de ſi grande reputation une partie de leurs grands revenus.

L'habit des Chanoines Capitulaires de
Cologne

Cologne est different de tous ceux, que j'aye encore vûs. C'est une Zimarre, comme parlent les Italiens, ou Robe de chambre de velours rouge, de même que le bonnet, avec une espece de mouchoir de col sur les épaules, d'hermine, qui a une pointe, & des mignons pendans assez bas par derriere, si vous n'aimez mieux dire que c'est le Capuchon des anciens, dont les Cardinaux, & les Evêques retiennent encore la forme à peu près, excepté que celui-ci n'a rien qui puisse se tirer sur la tête, & n'est qu'un simple *superhumerale* en terme Latin, en forme comme je vous ai dit de grand mouchoir de col, comme le portent les bourgeoises, ou femmes de moindre qualité en plusieurs endroits. Cet habit n'est que pour l'Eglise, & au lieu qu'en divers autres lieux les Chanoines sortent de leurs maisons avec leurs habits de Chœur, & les y reportent de même après le Service, je pris garde que les Chanoines de Cologne se dépouïllent tous dans quelques Chapelles à l'écart, & j'en vis qui étant ainsi dépouïllez, en habit court & en cravate sortirent de l'Eglise avec la canne à la main, suivis de leurs laquais. Monsieur le Prince de Saxe-Zeits Grand Prevôt de Cologne, & Evêque de Javarin, fait honneur par son exemplaire pieté à tout son Chapitre. Ce Prince étant passé à la Religion Catholique

que Romaine par les mouvemens d'une grace particuliere du Ciel, soûtient son changement par une pratique très-exacte de tous les devoirs de sa nouvelle croyance, s'étant donné à la vie Ecclesiastique qu'il mene avec toute l'exemplarité des plus sages Religieux. La qualité de sa naissance, & son habileté particuliere ayant mû l'Empereur à l'employer dans le maniment de diverses affaires Politiques, il s'y est attaché avec tout le zele & la fidélité d'un très-bon Ministre, sans jamais perdre de vûë la décence, & les obligations de son état, ce que j'eus le moyen de remarquer le jour de Pentecôte derniere, où je le vis assister au Chœur, & célebrer la Messe à l'Autel. Ce Prince ayant fait bâtir un Palais à Vienne, par un mouvement de la même pieté, y a reçû des Peres Théatins, ausquels il l'a laissé en propre après sa mort, ne prétendant d'en jouïr que dans la compagnie de ces personnes, vrayement Religieuses, lesquelles étant par leur Institut éloignées de toute ambition, & amour des biens du siécle (qu'ils ne peuvent posseder qu'autant qu'on les leur donne par une libéralité volontaire,) sont plus que tous autres propres à donner des conseils & des consolations désinteressées. On ne doute nullement de voir bientôt ce Prince dans le nombre des Cardinaux, & que l'Empereur ne lui donne pour cet

effet

effet sa Nomination , qu'il merite si bien par son attachement aux interêts de S. M. Imperiale.

Le Dome de Cologne est fameux par le dépôt des corps des Rois Mages, qui vinrent adorer Nôtre Seigneur en Bethléem, & que l'Empereur Frederic Barberousse y fit transporter de Milan, quand il voulut ruïner cette grande Ville. Ils y étoient dans une sépulture qu'on voit encore dans l'Eglise de S. Eustorge, à terre, & contre une muraille, avec une inscription qui marque qu'ils y ont reposé. Mais ce qui cause de l'étonnement est que cette sépulture si basse ne les distinguât pas du reste des corps ensevelis en cette Eglise, puis qu'il y a là-même & ailleurs mille sépulcres de personnes un peu distinguées autant & plus élevez que celui de ces Rois. Ils étoient pourtant reconnus pour Saints. Est-ce donc qu'on faisoit si peu d'état des corps Saints en ce temps-là, au prix de celui-ci, où l'on les met sur, ou au moins au dedans des Autels ?

Je les ai appellez Rois avec la voix commune, qui leur donne cette qualité : cependant je ne croi pas que vous soyez beaucoup plus persuadé que moi qu'ils la possedassent en effet, & que la prévention en faveur de ce sentiment aitd'autre fondement que le passage du Pseaume 71. qu'on n'est

pas

pas trop obligé d'entendre à la lettre, quand il dit que ce feront des Rois de Couronne, non plus que les païs, dont il les fait venir. La fingularité de cette opinion, fi je l'allois débiter à la ruë, me feroit un procez avec tous les Peintres, qui fe croiroient par là déboutez de la poffeffion, où ils font de donner des Couronnes aux Mages. Mais pour avoir la paix, je veux bien les laiffer peindre, & croire tout ce qu'ils voudront, & fur le fujet de cette Royauté, & fur celui de la réalité du bœuf & de l'âne, qu'ils ont coûtume de peindre de même, affiftans à la Créche le jour de la Naiffance du Sauveur, & fous la figure defquels je croi que le Prophete, qui en a parlé, a voulu exprimer la ftupidité des Juifs plus grande que celle de ces animaux, qui fans autre fecours que celui de leur inftinct naturel reconnoiffent la créche de leur maître, au lieu que les Juifs n'ont point voulu reconnoître leur Meffie & leur Liberateur.

Au refte ceux de Cologne font fi fiers de la poffeffion des corps des Rois Mages, qu'ils ne veulent point entendre parler de partage, & qu'il y ait aucune partie de ces corps ailleurs.

Ex his fublatum nibil eft alibíque locatum.

C'eft

C’eſt le bout du ſecond vers qu’ils ont fait graver ſur la Chapelle, où ils ſont gardez avec un ſoin & un myſtere ſi grand, qu’on ne voit au travers des grilles, qui environnent cette Chapelle de toutes parts, qu’une eſpece de caiſſe dépoſée ſur un Autel, & cela fort obſcurément. Ce qui ne contente nullement les Pelerins qui voudroient voir ces corps, comme on en voit tant d’autres expoſez à la véneration publique, en pluſieurs Egliſes. Cette integrité cependant des corps des Mages n’empêche pas que pluſieurs Egliſes ne croyent d’en avoir des Reliques, ce qui ſe pourroit faire par une extenſion de ce mot d’integrité, qui ſans ôter le nom de tout à la partie principale, n’envieroit point de petites & moindres pieces à beaucoup de dévots qui croyent les poſſeder. C’eſt avec cet adouciſſement de la rigueur de ce mot qu’on accommode beaucoup d’Egliſes, qui ſans cela ſe feroient une cruelle guerre ſur la poſſeſſion de pluſieurs corps, qu’elles ſe vantent toutes d’avoir, comme de ceux de S. Martin, de S. Benoît, & tout nouvellement de celui de S. Barthelemi, que la Ville de Rome croyoit d’avoir poſſedé tout entier depuis pluſieurs ſiécles, le Cardinal Urſin ayant prouvé par une découverte toute recente & authentique qu’il étoit encore à Benevent. Mais ſans prendre parti dans ces que-

relles je vous dirai que j'aime mieux avoir
& prêter une pieuse foi à ce que l'on me
dit, que de souffrir l'ennui d'attendre des
convictions avant que de me déterminer,
d'autant plus que mon culte est conditionel,
& que je n'entens de revérer le Saint qu'autant qu'il est préfent.

Avant que de quitter le Dome de Cologne je vous dirai que dès quelques siécles
en çà quasi tous les Archevêques, se font
faits enterrer, chacun dans une Chapelle
particuliere, avec une sépulture au milieu
de la Chapelle, exhauffée de terre, qu'il
occupe quasi toute. Si la chose continuë, il
n'y aura bien-tôt plus de Chapelles libres
dans toute l'Eglife, & l'on pourra dire du
Dome de Cologne, ce que Martial dit de
Rome à l'occasion de la grande Maison que
Neron y faisoit bâtir.

. . . . *Vejos migrate Quirites,*
Si non & Vejos occupat ista Domus.

Tous ces Prélats si foigneux de laisser de
riches & magnifiques memoires apres leur
mort n'auroient-ils pas mieux fait d'employer leurs richeffes à bâtir chacun une
voute à leur Eglife, qui hors du Chœur ne
paroît qu'un grand galetas & une place
couverte d'un toit fans aucune forme ni ornement d'Eglife? Il me souvient des por-
tiques,

tiques, qui dès la Ville de Bologne, con-
duisent *a la Madona del Monte*, lesquels ayant
été commencez de bâtir à l'aventure, ont
continué par la belle émulation de la Noblesse, de la Bourgeoisie, & de toutes sortes d'états de personnes, jusqu'aux Comé-
diens, qui ont contribué à l'envi à ce bâtiment, qui fait aujourd'hui tant d'honneur
à la Ville, & donne une si belle promenade à ceux qui par dévotion ou pour se divertir sortent de ce côté-là.

Si je devois vous parler de toutes les
Eglises de Cologne, il me faudroit un volume. Le peuple dit qu'il y en a autant
que de jours en l'année. Je n'ai eu ni le
temps ni l'envie de les conter pour vous en
dire précisément le nombre, & je ne veux
vous parler que de fort peu. La plûpart de celles que j'ai vûës sont bien vieilles.
Les Jesuites en ont une neuve, toute in-
crustée de Confessionnaux, & de têtes de
Martyrs reparties en certains étalages, ou
buffets dorez & ornez assez proprement.
Cette quantité de têtes de Martyrs m'éton-
noit (car j'en contai quatre-vingt dans le
seul Sanctuaire) mais ce fut tout autre chose, quand j'arrivai à l'Eglise de S. Gerion,
qui en est absolument toute tapissée, les
boiseries, qui en sont garnies, & qui paroissent autant de trous de mouches à miel
dans une ruche, tenant & occupant tout

 l'espal'eſpace, qui eſt d'une certaine hauteur, où l'on ne puiſſe atteindre dès le bas, juſqu'à la voute.

L'Egliſe de Ste. Urſule en eſt encore plus remplie, & on en voit d'attachées à toutes les murailles, qui font l'effet que je viens de décrire de répréſenter des ruches d'abeilles. La choſe n'auroit rien de ſurprenant, ſi le nombre des Compagnes de cette Sainte étoit bien prouvé auſſi grand qu'on le fait communément. Mais, comme vous ſavez, l'Hiſtoire de Ste. Urſule ne manque pas d'embarras, & les Savans ont commencé à ſe récrier terriblement contre ce nombre d'onze mille, qui eſt communément reçû. Je vous avouë que les argumens négatifs ne prouvent rien en des matieres de fait, & que toutes les conjectures d'impoſſibilité ne ſauroient tenir contre la moindre aſſûrance poſitive, qu'une choſe eſt telle qu'on la dit : mais les circonſtances de l'Hiſtoire ſemblent y mettre des embarras inſurmontables. Un Pape dont le nom ne ſe trouve point dans le Catalogue des Pontifes Romains, y intervient, & contre l'honêteté publique ſe donne pour guide à une troupe de filles, qu'on envoye par un chemin tout à fait éloigné & hors de propos en Angleterre pour un beſoin, dont les autres Hiſtoires ne parlent nullement. L'on peut cependant répondre

pondre à tous ces Meſſieurs , qui nient
toute ſorte de faits, parce qu'on les donne
révêtus de circonſtances improbables, que
cette délicateſſe eſt outrée , & qu'on ne
trouveroit rien de ſûr dans aucune Hiſtoire, ſi on les vouloit reculer parce que les
Auteurs qui les ont rapportez , ont varié
ſouvent notablement dans les circonſtances. Qu'y a-t-il de plus fabuleux , que les
fables mêmes , dont les Poëtes ont révê-
tu l'Hiſtoire de leurs Jupiter , Saturne,
Neptune, Hercule , & de tous les autres
Dieux & Heros de leurs ſiécles & de leur
Religion ? Cependant il ne s'eſt encore
trouvé perſonne , qui ait mis en doute qu'il
n'y ait eu des Princes , & des hommes
veritables qui ont porté ces noms, & qui
par le merveilleux de leurs actions ont donné lieu à toutes les fictions, dont on a enſuite embelli leur Hiſtoire , qui les a fait
prendre pour des Dieux , & a ſervi quoi
que ſans raiſon de fondement au culte, qu'on
leur a rendu? Ainſi puis qu'il ſe trouve à
Cologne une très-grande quantité de corps
d'hommes & de femmes, qui y ont toûjours été tenus, & réverez des Chrétiens
pour des corps de Martyrs , qui jouïſſent
effectivement de la gloire du Ciel , aucune conjecture ou vrai-ſemblance ne ſauroit
affoiblir cette certitude , & cette véneration, quoi que l'Hiſtoire des martyres de

F 3 S.

S. Gerion & de Sainte Urfule ait été par
l'ignorance de quelques fiécles, que chacun fait avoir été fort groffiers, remplie de circonftances, qu'on ne trouve pas aujourd'hui le moyen d'accommoder aux temps, dans lefquels ces Saints
ont vécu.

Voilà, Monfieur, comme j'en parlerois
à un Critique, qui me voudroit donner fes
conjectures pour des raifons valables de recufer toute forte de croyance à l'Hiftoire de
Ste. Urfule, & lefquelles à mon avis ne
concluent rien, ou concluent à recufer
toutes les Hiftoires, où il y a quelque va-
riété dans le récit des Hiftoriens. Au refte
je me raillerois à mon tour de M. Miffon,
qui après avoir bien goguenardé fur ces
Reliques des Compagnes de Ste. Urfule,
s'eft laiffé perfuader que la fepulture de
la fille du Duc de Brabant, cramponnée à
la muraille de la même Eglife, foit l'effet
d'une jaloufie & d'une averfion que ces
Saintes Vierges ont toûjours eu à fouffrir
qu'aucune autre perfonne fût enterrée dans
leur Eglife, & qu'il a falu furmonter par
cette violence, en accrochant avec de puif-
fantes barres de fer celle-ci à la muraille.
Il faut ce me femble avoir de la foi de refte
pour en donner à ce conte, & je m'étonne que ce Voyageur qui n'en a point pour
la verité de l'Hiftoire des Vierges Compagnes

pagnes de Ste. Urfule, en aye pour un conte, qui ne lui peut avoir été débité que par une perfonne extrémément grof-fiere, ou qui ait pris plaifir à le tromper. Cela arrive affez fouvent, comme je l'ai obfervé moi-même, en quelques occafions, ou les étrangers Proteftans venant pour s'informer des particularitez, qui rendent quelques lieux confidérables parmi les Catholiques Romains, ne manquent gue-res de rencontrer des perfonnes, qui pren-nent plaifir à leur en conter pour attrap-per leur argent; fachant bien que plus ils leur conteront de fotifes, tendant à rendre le Catholicifme ridicule, ils en feront mieux leurs affaires. Ces Meffieurs s'en retour-nent enfuite chez eux, tout glorieux de ces admirables découvertes, qu'ils affû-rent de tenir de la propre bouche, & con-feffion des Catholiques mêmes, dont ils font enfuite d'importantes railleries fur la ftupidité des gens, qui fe laiffent fi grof-fierement abufer dans leur Religion. Dans l'affaire préfente il faut que M. Miffon n'eût des yeux que pour voir le tombeau de cette Princeffe de Brabant, qu'il affû-re être la feule étrangere, enterrée dans l'Eglife de Ste. Urfule. Car s'il avoit vou-lu les ouvrir fur d'autres tombeaux il y en auroit vû de plufieurs Evêques de Co-logne, des premiers fiécles. D'où je prens

F 4

encore

encore l'occafion de jetter une pierre dans
fon jardin en lui faifant remarquer que le
culte des Reliques des Saints n'eft nullement une invention moderne, puis qu'outre que c'étoit la coûtume des premiers
Chrétiens de s'affembler pour la priere auprès, ou fur les tombeaux des Martyrs,
comme il eft évident par toutes les Hiftoires des premiers fiécles de l'Eglife, la coûtume de fe faire enterrer auprès des mêmes Martyrs fait connoître qu'on avoit
quelque confiance particuliere en leur interceffion, puis que fans cela on auroit inutilement affecté ce foin; comme nous voyons tous les jours dans l'ufage du monde
que l'empreffément qu'on témoigne d'être
auprès de quelqu'un ou vif ou mort, eft
la marque d'une tendreffe particuliere qui
nous lie à lui pour quelque interêt. Ce
n'eft pas que je veuille dire que fe faire enterrer auprès des Saints, même
reconnus pour tels, puiffe aider au falut
de celui qui fans autre merite jouïroit de
ce voifinage: mais bien, que ce défir d'ê-
tre près des Saints marque une amitié, &
une confiance fpeciale en leur interceffion
& faveur, fans quoi ce foin feroit tout à
fait inutile, & que cet ufage & par conféquent cette confiance eft des premiers fiécles de l'Eglife.

Je ne vous parle pas, Monfieur, de l'o-
pinion

pinion de quelque Auteur moderne , que vous aurez peut-être lû auſſi-bien que moi, que le nombre des onze mille Vierges doi-ve être réduit à onze ſeules perſonnes Compagnes de S^{te}. Urſule, ſur la conjecture que la premiere Chronique , qui a parlé de ces Saintes pouvoit avoir écrit en lettres Romaines XIMV. avec un accent ſur l'M̄ , qui auroit fait prendre équivoque, & entendre *mille* au lieu de *Martyres*, par cette lettre ainſi marquée. De ſorte qu'il ne faudroit entendre qu'onze Martyres Vierges , au lieu d'onze mille Vierges. Mais outre que le nombre des corps, qui reſtent, & qui rend ce grand nombre auſſi ſûr , que le fait même du martyre, dénué de toutes les circonſtances, il faut réfléchir que jamais le nom de *Martyr* n'eſt prépoſé dans les Legendes ou Hiſtoires à celui de *Vierge*, non ſeulement pour l'excellence de la Virginité, qui eſt comme dit S. Ambroiſe, cauſe du martyre, & par conſéquent en quelque façon plus noble que le martyre même , mais principalement parce que la Virginité eſt l'état de la perſonne qui a ſouffert le martyre , & que comme on ne dit jamais qu'un tel Saint a été Martyr, & Evêque, mais qu'il a été Evêque & Martyr, par la même raiſon penſe-je qu'on auroit prépoſé ici le nom de Vierge à celui de Mar-

tyre,

tyre, ſi on avoit voulu par la lettre M. indiquer le martyre, & non le nombre de celles qui avoient ſouffert pour Jeſus Chriſt.

La conjecture de cet Auteur, qui extenuë ſi fort le nombre des Compagnes de Ste. Urſule, n'eſt pas plus heureuſe que celle d'un autre ſur la qualité de l'Epouſe du Roi de France Dagobert I. Tous les Hiſtoriens ont écrit qu'il enleva une Religieuſe de ſon Cloître pour en faire ſa femme. L'Auteur pour l'excuſer, & pour redreſſer tous les Hiſtoriens, veut que le premier qui a conté le fait ait écrit *puellam rapuit è Miniſterio*, & non *Monaſterio*, & qu'ainſi l'Epouſe du Roi Dagobert étoit une fille ſervante de la Reine ſa Mere, ou autre qui fût à la Cour, non pas une Religieuſe, &, que ſur une telle équivoque on a noirci ſa reputation. Mais ne vous paroit-il pas, Monſieur, que ceci ſoit plûtôt un raffinement qu'une démonſtration, & que ces ſortes de conjectures montrent bien plus le bel eſprit de celui qui les penſe, qu'elles ne mettent l'évidence & la verité de ſon côté; particulierement, quand le torrent de l'opinion contraire entraîne tous les ſentimens, & que les ſuites de l'Hiſtoire lui donnent la derniere force ? Mais enfin nous ſommes dans un ſiécle, où l'on raffine ſur tout, ſans trop ſe met-

tre

tre en peine si ce raffinement introduit peu
à peu un Pyrrhonisme, qui faisant avec
le temps de plus grands progrez, nous
ôtera tout ce que nous savions, & nous
laissera avec de pures plausibilitez, à la faveur desquelles nous pourrons discourir
problématiquement de toutes les Histoi-
res.

Au reste la Ville de Cologne, à la regarder de quelque hauteur, paroit une
forêt de banderoles, ou girouettes; car
non seulement il y en a sur tous les coins
des toits, mais mêmes sur une quantité de
petites tours, qui percent les toits pour donner jour aux dedans des maisons, entre
lesquelles les clochers des Eglises, qui
sont très-nombreuses, pourvûs de mêmes
girouettes, tiennent lieu des arbres les
plus élevez. Il me souvint la premiere fois
que je vis cette quantité de pointes, qui
s'élevent de tous côtez, de la rêverie des
Rabins, qui ont écrit que Salomon fit he-
risser tout le toit du Temple de Jerusalem
de broches ou pointes d'or, pour empêcher (disent-ils) que les oiseaux ne vinssent
se percher dessus, & n'y fissent leurs ordures. Ma comparaison peut être aussi
juste, que leur imagination est veritable.
Les maisons de Cologne ne sont pas bâties
en longueur sur les ruës, mais chacune
montre son front, & sa pointe dans la façade,

çade, de forte que les ruës y paroiffent bordées de ces maifons, comme d'autant de Châteaux de cartes, tels que les dreffent les enfans en fe jouant. Ceci eft caufe que chacune s'étudie à faire une plus belle vûë, les murailles étant dentelées & enjolivées jufqu'au faîte, qui finit toûjours par une belle girouette. Il y a des ruës fort riches & fort marchandes, & la commodité du Rhin ne peut manquer d'y apporter beaucoup de richeffes, le paffage des vaiffeaux de Cologne en Hollande, & de Hollande à Cologne, y étant continuellement battu.

Le Prince de Saxe-Zeitz Evêque de Javarin, & Grand Prevôt de Cologne, y a fait rebâtir ou renouveller les bâtimens de la Chartreufe, & le Prieur de la Grande Chartreufe a envoyé depuis peu à la Ville de Cologne un Doigt de S. Brunon fondateur de l'ordre, & qui fut citoyen de cette même Ville. La chofe meritoit bien autant de reception que les Padoüans en firent à un doigt de Tite-Live leur compatriote, qui leur fut apporté au fiécle paffé. Mais les chofes ne vont pas de même en tous les païs. C'eft à cette Chartreufe que le Prince de Saxe a coûtume de fe retirer, quand les affaires le lui permettent, pour y être plus en retraite, & joüir de la converfation innocente de ces bons Pe-

res

res veritablement Religieux parce qu'ils vivent éloignez du commerce du monde, & ce fut à l'occasion d'une de ces retraites que le Partisan François nommé la Croix voulut le faire enlever, ayant pour cet effet introduit dans la Ville une vingtaine des siens qui devoient après avoir tué le cocher le conduire dehors, ou le poignarder lui-même (à ce qu'il fut dit) s'il avoit fait resistance. C'est ici une terrible maniere de faire la guerre, & ce sera une honte bien grande à nôtre siécle d'avoir introduit l'usage de certains stratagémes, qui ont plus la mine de crimes exécrables, que celle d'adresses militaires. Le Partisan nommé, qui n'a point nié d'avoir envoyé ses Emissaires dans la Ville de Cologne, s'est défendu de l'ordre qu'on l'accusoit d'avoir donné de faire égorger le Prince. Le mal est que ces malheureux ayant été découverts & punis l'en ont chargé dans leur examen, & l'on ne dit point qu'ils s'en soient dédits avant leur mort. Je me prépare à sortir de Cologne. Vous n'aurez plus de mes lettres, que quand je serai arrivé en Hollande. Je suis cependant,

MONSIEUR,

De Cologne.

Vôtre très-humble.

XI.

XI. LETTRE.

De Cologne à la Haye.

Monsieur,

J'Achevai le reste de mon voyage dans une autre prison, c'est à dire en un autre bateau, où l'ennui n'est souvent gueres moins grand qu'en une prison veritable, puis qu'on n'en peut sortir, & qu'il faut toûjours voir les mêmes personnes. Il y a cependant cet adouciflement qu'on aborde tous les soirs, & souvent encore à dîner, non pas quand les lieux meritent d'être vûs, mais quand les bateliers ont quelques marchandises à láiflèr, où efpérent d'accroître le nombre des paffagers, & par conféquent leur profit. Je ne vous écrivis rien dans ma derniere lettre de la Ville, ou Fauxbourg de *Duits*, qui est de l'autre côté du Rhin en face de Cologne, la chose n'en valant pas la peine, puis que c'est le réduit des Juifs, qui ne peuvent entrer à Cologne, qu'avec une permiffion expreffe, & en ce cas doivent être accompagnez par

un

un Député de la Ville, qu'il faut bien payer; d'où est venu le proverbe qu'aucun Juif n'entre dans la Ville de Cologne qu'il ne lui en coûte un Ducat. Il y a cependant encore dans ce Fauxbourg quelques maisons de Chrétiens pour recevoir & loger ceux qui n'arrivent pas à temps pour entrer dans la Ville, ou qui pour quelqu'autre raison sont arrêtez de l'autre côté du Rhin.

On voit peu de Villages en décendant de Cologne, peut-être parce qu'il n'y a plus de vignes sur les rivages du fleuve. *Zons* & *Nuits*, qu'on laisse à main gauche sont deux Villes qui n'ont rien de remarquable que leur pauvreté, à laquelle les ont réduites les guerres continuelles, que le païs a été contraint de souffrir par les inclinations de travers, qui ayant attaché les deux derniers Electeurs aux interêts de la France contre ceux de l'Empire, y ont attiré les malheurs, qui accompagnent toûjours ce fleau de Dieu.

Dusseldorp est la premiere Ville dont je vous parlerai. Elle est à droite du Rhin, & comme vous savez la Résidence de S. A. Electorale Palatine, depuis que les François ont si maltraité Heidelberg, où ces Electeurs faisoient leur sejour ordinaire. La Ville de Dusseldorp n'est pas grand' chose. Les maisons y sont quasi noires &

au-

auroient bien befoin d'être mifes à la leffive. Elles font bâties de charpente, ᴀvec des briques, qui remplacent les efpaces, que laiffent ces bois croifez, de forte que les murailles n'ont pas plus d'épaiffeur que ces poutres & ces briques. Il y a pourtant quelques ruës affez belles & ouvertes, & une fi grande quantité d'enfeignes, que toutes les maifons paroiffent être cabarets, ou boutiques de marchands, ce qui peut-être eft l'effet de la demeure que fait la Cour en cette Ville.

L'Electeur étoit abfent à nôtre paffage. Vous favez qu'il eft Beaufrere de l'Empereur, & Oncle du Roi des Romains, & ce qui eft plus que tout cela, que c'eft le Prince du monde le mieux intentionné pour la gloire, & pour le bon fervice de S. M. Imperiale. Il étoit alors à Vienne pour coopérer par fes confeils, & pour preffer par fes inftances les affaires de la plus grande conféquence, qui fuffent alors fur le tapis, & en particulier l'accommodement avec les Mécontens de Hongrie, pour lequel il faifoit l'office de Médiateur. Mais le malheur eft que la chofe femble accrochée à certaines conditions, que beaucoup de gens croyent infurmontables, fi les uns ou les autres ne changent de fentiment, & ne fe rélâchent de ce qu'ils prétendent en toute maniere obtenir, ou refufer.

fuſer. Ce qui merite de grandes réfléxions
ſur l'état préſent de la Maiſon Palatine eſt
qu'elle eſt encore ſans ſucceſſion, l'Elec-
trice, Princeſſe de Toſcane n'ayant donné
aucun fils, & aucun des freres de l'Electeur n'en étant pourvû, quoi qu'on puiſſe
eſpérer qu'il en naîtra des vieux ou de quelque nouveau mariage, que la neceſſité d'a-
voir des ſucceſſeurs fera conclure. Il ſemble que cette ſucceſſion pouvant, au défaut
de Princes de la ligne de Neubourg, paſſer
en une autre famille déja bien puiſſante, &
d'une autre Religion, cela vaut bien qu'on
y penſe un peu, & qu'on faſſe quelque pas
davantage pour prévenir une choſe, qui
naturellement ne doit pas être au gré de S.
M. Imperiale.

La Réſidence, ou Palais de S. A. Electorale eſt grande, & les avenuës étoient
gardées par un bon nombre de ſoldats, mais
nous n'eûmes pas le temps de nous arrêter.
La Ville paroît bien fortifiée, & elle doit
l'être en un temps où les ennemis ne laiſ-
ſent pas douter qu'ils ſe prévaudroient de
tout, ſi on uſoit de quelque négligence à
le mettre en ſûreté. Il y a au milieu du
Rhin un vaiſſeau ſur les ancres pour faire
le *qui va là*, à toutes les barques qui paſſent, & qui ſont obligées à venir ſe conſti-
tuer au pied d'un baſtion de la Ville, où
l'on examine la qualité de la charge, & des

 paſſa-

passagers : On ne passe de l'autre côté du Rhin que sur un pont volant, & dans l'endroit où l'on aborde, l'on a fait une rédoute fortifiée pour la défense du passage, & pour en empêcher l'approche à ceux, qu'on ne jugeroit pas à propos d'y recevoir.

Keyserwert qu'on trouve quelques lieues plus bas à droite du Rhin est aujourd'hui un monceau de pierres plûtôt qu'une Ville. C'est par cette Place qu'on commença à deshabiller l'Electeur de Cologne, quand on voulut le dépouiller du cœur & des inclinations Françoises. Les François s'y défendirent en désespérez, pour faire connoître par ce premier essai combien il en coûteroit de les chasser de tout l'Electorat. Ils avoient bâti un Fort dans une Isle un peu plus bas que la Ville, par le moyen duquel ils conservoient la communication avec les Places qu'ils avoient de l'autre côté, & introduisoient dans la Place tous les rafraîchissemens nécessaires pour continuer à soûtenir le siége. Ils en eurent pourtant le démenti, & Monsieur..... la rendit aux Alliez le..... On a absolument démoli le Château, & la Ville a la mine de demeurer long-temps hors d'état de soûtenir un autre siége, délabrée & ruïnée comme elle est.

Rurort ou *Rocroort* est une méchante petite

tite Ville du même côté droit du Rhin, éloignée feulement d'un coup de canon de *Duisbourg*. L'une & l'autre appartiennent au Roi de Pruffe, comme Places du Duché de Cleves. Nous vîmes une quantité de vaiffeaux dans l'embouchure d'une Riviere (c'eft la Roer) & auprès de ce Rurort, qu'on nous dit être au fervice du Roi de Pruffe, ou de fes fujets, qui fe retirent là de leur navigation fur le Rhin Il y a à Duisbourg une Académie ou Univerfité pour ceux de la Religion Réformée, & c'eft peut-être ce qu'il y a de meilleur, car la Ville ne paroît pas être grand' chofe, nous vîmes cependant quantité de perfonnes de l'un & de l'autre fexe fortis à la promenade du foir, qui étoient affez bien mifes. ·

Orfoy eft une autre pauvre Ville à la gauche du Rhin dans le même Duché de Cleves. C'eft une Place quarrée, qui n'a que deux ruës qui fe croifent. Nous y vîmes de la bravoure & de la braverie d'une efpece toute particuliere, c'étoient des jeunes gens (je ne dis pas des enfans) mais des hommes faits qui portoient des plumets, & des rubans de papier de diverfes couleurs fur leurs chapeaux, & faifoient autant les fiers avec cela, que fi ç'avoit été de l'or, de la foye, & de veritables plumes. Ennuyez de l'eau nous décendîmes en terre,

& nous allâmes boire un coup dans un vaiſſeau. Comment entendez vous, Monſieur, cette énigme ? Vous penſez que nous entrâmes dans quelque Auberge, qui avoit un navire pour enſeigne. Vous vous trompez. Nous entrâmes à terre dans une veritable barque, & là dans une chambre fort propre nous nous rafraîchîmes, car effectivement il faiſoit très-grand chaud. Voici la clef pour comprendre ce myſtere. Il y a des vaiſſeaux aſſez uſez pour ne plus pouvoir ſervir ſur l'eau, mais non pas aſſez délabrez pour meriter d'être hachez en pieces, & mis au feu. On les traîne en terre, & on les renverſe de ſorte que leur fond ſert de toit à une maiſon, dont on ménage les chambres, & les appartemens dans la largeur & la longueur du navire, qui devient par ce moyen-là une veritable maiſon en terre, ſans perdre ſa premiere nature, & à la faveur de ce changement on peut verifier en toute rigueur le paradoxe que j'ai avancé, qu'on quitte l'eau pour aller en terre boire dans un vaiſſeau. Ce fut à Orſoy où nous trouvâmes le premier cabaret de cette eſpece ſur le bord du Rhin : nous en trouvâmes encore d'autres dans la ſuite, de ſorte que cette eſpece n'eſt pas comme celles des Anges, qu'il faut verifier dans un ſeul individu, comme veulent quelques Théologiens : mais elle en contient pluſieurs.

Je ne vous dirai rien de *Rhymberg*, ni de *Buric*, qu'on laisse toutes deux à gauche en décendant, parce que nous ne nous y arrêtâmes pas. Vous savez seulement que les François les content parmi les quarante Villes, qu'ils conquirent avec tant de bruit l'an mil six cent soixante & douze, & qu'au contraire on ne parle quasi pas de les avoir contraints à les quitter dans la même guerre : qui assûrément eut cela d'un peu chagrinant pour la France, qu'ayant jetté des mesures si justes pour se rendre maîtresse de tout le Rhin & de toute la Hollande, s'en vit dessaisie quasi par une terreur panique, puis qu'elle abandonna toutes ces conquêtes, dès qu'elle vit qu'on se mettoit en état de les lui repeter.

Wesel à la droite du Rhin est une Ville belle, propre, & très-bien fortifiée, outre une bonne Citadelle que le Roi de Prusse y fait bâtir, & dont le Rhin empêche beaucoup le travail étant fort large en cet endroit & très-sujet à déborder. Il y a long-temps qu'on a commencé à bâtir cette Citadelle, mais on y travaille maintenant tout de bon, & les ouvrages y sont admirables, les exterieurs tous revétus de murailles de brique, & les interieurs très-bien ornez, c'est à dire dans les régles les plus justes de l'art. On travaille pareille-ment à fortifier les rivages du Rhin contre

le

le cours de l'eau, qui sans cela y feroit bien du ravage. On nous assûra que le Roi de Prusse vouloit dépenser quatre-vingt mille écus aux ornemens de la porte de la Citadelle, entre laquelle & la Ville il y a une assez grande esplanade pour y ranger une armée. Les Catholiques ont à Wesel le libre exercice de leur Religion, & il y a même un Couvent de Moines Jacobins : mais on nous dit que le Roi pinse terriblement les revenus des Ecclesiastiques, qui sont dans ces Etats, & qu'il ne tiendroit pas à lui qu'ils ne vécussent tous dans la pauvreté Evangelique, telle que l'observoient les Apôtres.

Santen ou *Xanta* est une assez grande, & pauvre Ville, à gauche du Rhin. Ce fleuve serpente ici terriblement dans son cours, qu'il a déja changé plusieurs fois au grand dommage de ses voisins, selon l'ancien proverbe, que ce n'est pas souvent un petit mal d'être le voisin d'un grand Seigneur, & d'un grand fleuve. On dit que cette Ville de Santen étoit autrefois beaucoup plus grande, qu'elle s'appelloit *Colonia Trajana*, que les Romains y avoient construit un pont sur le Rhin, & tenoient deux Legions en garnison dans une fortification quarrée, bâtie sur une petite montagne, qui est aujourd'hui assez éloignée de la Ville, & qui la joignoit en ce temps-là. Je

tiens

tiens ceci d'un fort honête Chanoine de la
Ville, nommé Monſieur Palin, très-verſé
dans les antiquitez de ſon païs, de même
que tout ce que je vais vous écrire de ſur-
plus touchant cette Ville. Il nous aſſûra
que tous les jours en bâtiſſant on déterroit
de nouvelles antiquitez des médailles, des
ſtatuës & d'autres choſes, qui font voir
qu'elle a été de très-grande conſidération.
Il nous dit que Monſieur Smetius, Mi-
niſtre à Nimegue avoit beaucoup de ces
médailles & antiquitez dans ſon cabinet, de
même que d'autres Curieux des païs voiſins, toutes tirées des ruïnes de cette Ville.

Il nous aſſûra de même que ſous le Gouvernement du dernier Duc de Cleves un
nommé *Stephanus Pighius* avoit écrit un livre des antiquitez de cette Province & des
voiſines, ſous le titre d'*Hercules Prodicius*,
& que cet Auteur étoit un homme ſi ſpé-
culatif, & ſi exact dans la revûë de ſes propres penſées, qu'il en tenoit une note & en
écrivoit la ſuite, auquel effet il étoit néceſſaire, ou qu'il eût toûjours la plume à la
main, ou ce qui eſt plus vrai-ſemblable, &
ce qui lui fait plus d'honneur, qu'il eût
acquis un tel empire ſur ſon imagination,
qu'elle ne s'échappoit que rarement dans les
diſparates, qui interrompent ſi ſouvent l'é-
tude, & les applications des autres.

Il y a une Egliſe, & un Chapitre à San-
G 4

ten qui feroit honneur à une Capitale de
Province. Le bâtiment eſt grand, & magnifique, & qui plus eſt, fort bien tenu,
& le Chapitre s'acquitte avec honneur, &
avec une majeſté particuliere des fonctions
Eccleſiaſtiques. La dignité principale de
ce Chapitre, qui eſt celle de Prevôt, a été
honorée par deux Papes, pluſieurs Cardinaux, & quelques Electeurs de Mayence,
& Princes de Liege, qui en ont tenu le
Siége. Et Saint Norbert, qui fut Archevêque de Magdebourg, eſt conté entre les
Chanoines de cette Egliſe, qu'il deſſervit
pendant quelque temps. Elle eſt dédiée à
S. Victor, que la Ville reconnoît pour ſon
Patron, & qui porta la premiere connoiſſance de Jeſus Chriſt en ces païs. Et la
premiere fondation de cette Egliſe eſt attri-
buée à Sainte Helene, Mere de l'Empereur
Conſtantin, qu'on veut en avoir fait bâtir
deux autres à Cologne & à Bonn, pour y
faire honorer les Reliques de S. Gerion dans
la premiere de ces Villes, & celles des
Saints Caſſien & Florian dans la ſeconde,
tous Martyrs & Compagnons de S. Victor.
C'eſt à cette pieuſe Imperatrice que la tra-
dition aſſûre de même qu'il faut attribuer
la premiere fondation de ces Chapitres, ou
Colleges Eccleſiaſtiques, entre leſquels celui de Santen, au rapport de Monſieur Palin, fut dès ces premiers commencemens

de

de soixante, je ne dirai pas Chanoines, car le nom est plus recent, mais personnes dévoüées au service de Dieu, & à la véneration des Reliques de S. Victor, & de ses Compagnons. On tireroit encore d'ici, supposé la verité de ces fondations, un grand argument contre ceux, qui croyent que ce culte est une invention des siécles plus bas & plus recents, & l'effet d'une bigoterie ignorante, qui ne trouve point d'exemples dans les premiers temps pour se justifier.

Au reste on excuse la pauvreté de la Ville par les guerres qui ont regné autrefois entre les Ducs de Brabant & de Cleves, & les Comtes de Meurs, & qui ont donné lieu à de fréquentes désolations. L'Eglise a été deux fois brûlée aussi-bien que la Ville, & si on a pû la rebâtir aussi magnifique qu'elle est à présent, il en faut attribuer la cause à une Indulgence pleniere, qu'accorda un Pape à tous ceux qui donneroient en aumône pour cette reédification autant d'argent qu'il en faloit pour payer un ouvrier pendant une semaine. Messieurs de la Religion ne manqueront pas de se récrier ici contre l'abus, qu'ils prétendront fait du pouvoir du Superieur Ecclesiastique par cette concession, comme s'il étoit en son arbitre de dispenser des peines du peché, & d'en commuer la satisfaction en des œuvres, qui quoi que pieuses, se ressentent toutefois de la vena-

G 5 lité,

lité, & de l'interêt. Mais ſi j'avois à répondre à quelques-uns d'eux ſur ce fait
particulier, après l'avoir fait convenir de
la néceſſité de l'Ordre Hiérarchique dans
l'Egliſe comme le plus parfait, je lui de-
manderois qu'eſt-ce qui le choque dans cette diſpenſation, puis qu'il eſt de l'amour
& de la tendreſſe d'un bon pere envers ſes
enfans, & d'un bon Paſteur envers ſes brebis, de leur faciliter les voyes du ſalut,
par des moyens les moins onereux, & que
comme Jeſus Chriſt accepta les parfums de
la Madeleine pour des preuves de ſon repentir, & pour une eſpece de compenſation
de ſes fautes, de même ſon Vicaire peut déterminer & appliquer le merite de l'aumône
à l'effet de compenſer les peines canonique-
ment dûës pour la ſatisfaction des péchez.

Ce que je vais vous dire ne ſera peut-
être pas plus du goût de Meſſieurs les Proteſtans, ſavoir que dans une proceſſion ſo-
lennelle, où le corps de S. Victor fut porté par Jean Duc de Cleves & trois de ſes
fils, qui voulurent eux-mêmes faire ſervir
leurs épaules à cette fonction, il ſe fit vingt-
quatre miracles, très-averez, & à la vûë
du monde accouru à cette céremonie, que
l'on aſſûre être arrivé au nombre de deux
cent mille perſonnes. Les miracles de l'E-
gliſe Romaine n'entrent point dans l'eſprit
de ces Meſſieurs, qui s'inſcrivent en faux
contre

contre toute forte de concours extraordi-
naire de la puiflance de Dieu, qui par là
fe déclareroit en faveur des Dogmes qu'elle profefle & des céremonies qu'elle pratique. Mais comme nous leur donnons gain
de caufe dans le décri qu'ils font de plufieurs prodiges moins reconnus, & dont
quelques-uns repaiflent la crédulité des
fimples, ils auront à mon avis bien de la
peine à tenir contre l'évidence de beaucoup d'autres, qui font arrivez, & qui arrivent encore aujourd'hui, quoi que plus
rarement, à moins que de vouloir démentir les peuples & les Villes, & d'ébranler
tous les fondemens de la foi humaine, contre laquelle on peut s'élever en tout, mais
on ne le fait qu'avec quelque marque d'ef-
fronterie dans des récits accréditez par des
perfonnes de probité, & d'honneur.

Les Ducs de Cleves prétendent dans leurs
Domaines droit Epifcopal & même Pon-
tifical, tel qu'il appartient aux Papes mêmes, & cela par un privilege, qui leur fut
accordé par le Pape Eugene....à caufe que
dans un temps de fchifme ils s'étoient déclarez en leur faveur. Ils ont jouï en effet du
droit de Nomination aux Prébendes va-
cantes dans les mois des Evêques & du
Pape, & le Roi de Pruffe en vertu de
ce droit annexé à la qualité de Souverain
a remis aux Miniftres de la Religion
Réfor-

Réformée le pouvoir de nommer a ces Prébendes, dans la vûë de leur procurer quelque utilité par cette voye ; car ils ne font aucune Collation ou Nomination fans en retirer une fomme d'argent, que les préten-
dans Catholiques Romains leur donnent
à titre de fe redimer de la vexation, qu'ils
fouffriroient, fi ces Collateurs ne vouloient
faire aucune Nomination, ce qu'il eft vrai-
femblable qu'ils refuferoient fans cette re-
tribution pecuniaire. Le cas de confcience
eft un peu délicat, & le danger d'encourir quelque fimonie n'eft peut-être pas fi
loin qu'on le pourroit croire.

C'eft bien une autre prétention que celle
des Ducs de décider de la meilleure Religion en vertu de ce pouvoir à eux transfe-
ré par le Pape, qui eft lui-même felon les
Catholiques, le Juge des Controverfes.
On pourroit répondre à ceux qui étendent
ce droit jufqu'à cette autorité, que par la
même raifon, & par les principes de l'Eglife Anglicane, qui foûmettent la Religion
au Souverain, le Roi Jaques étoit pourvû
de ce droit en vertu de fon caractere reconnu, & que ces fentimens devoient être
la régle de la croyance des Anglois, fi ta
parité avoit lieu. Mais il y a une raifon
beaucoup meilleure, qui combat contre
l'autorité des Ducs de Cleves, s'ils prétendoient la porter jufqu'à décider de la
Religion,

Religion, savoir que les droits à eux conférez par le Pape ne regardent que quelques prérogatives exterieures, & le pouvoir de faire quelques dispositions dans le service de l'Eglise touchant la personne de ses Ministres, ou les biens de son Patrimoine, sans entrer dans l'examen des choses qui regardent la foi, qui est un droit inalienable, & inséparable du premier Siége de l'Eglise. Mais graces à Dieu nous n'en sommes pas là, & le Roi de Prusse sans s'embaraller d'accorder les Religions, ou d'employer la force pour faire prévaloir la sienne sur toutes les autres, laisse les Catholiques dans le libre exercice de la leur, ce qui fait que les sujets vivent en paix, & que l'Eglise de Santen fait honneur à un lieu, qui n'a rien de plus considérable que cette Eglise & son Chapitre.

Un Prevôt de Santen appella il y a quelque temps des Jesuites dans la Ville, & contribua du sien pour la subsistance de trois de ces Peres, qui y demeurent & marchent par la Ville avec leur habit. Mais le Roi de Prusse ne souffre point qu'ils se multiplient, & sans toucher à la premiere fondation il se contente qu'ils n'augmentent pas de nombre, ce qui ne leur seroit pas difficile s'ils avoient une entiere liberté.

On souffre à Santen sans aucune restriction

tion de nombre les Peres Capucins & Chartreux. Ceux-ci y ont transféré leur Couvent de Wesel, dont les deux Rivieres de la Lippe, & du Rhin, à la jonction desquelles il étoit bâti, avoient déja notablement incommodé la situation. Ils habitent dans le Cloître que quitterent les Religieux de S. Dominique, quand le changement de Religion donna lieu à cette liberté. Ils tiennent le premier Duc de Cleves pour le fondateur de leur Cloître, je dis de celui de Wesel, & outre les portraits qu'ils en ont ils nous montrent quelques lettres écrites par ce Prince & sa femme aux premiers Chartreux, qui habiterent le Cloître de Wesel qui font voir la grande véneration & confiance qu'ils avoient dans la vertu, & dans les oraisons de ces bons Religieux. Avant que de venir demeurer à Santen, leur Chartreuse de Wesel avoit été une fois entierement détruite par le fameux Archevêque de Cologne Trucses, dont l'Apostasie donna lieu à la guerre, qu'il fit pour se conserver dans la possession de l'Electorat.

Je vous ai écrit toutes ces particularitez de la Ville de Santen, qui d'ailleurs n'est pas trop renommée dans le monde. Nous eûmes le temps de les apprendre par la demeure que nous fûmes forcez d'y faire, à cause d'un grand vent, qui

nous

nous empêchoit de pourſuivre nôtre navigation ſur le Rhin. En effèt celui-ci continuant, nous laiſſâmes nôtre barque, &
prîmes un coche qui nous porta droit à
Cleves, quoi que nous euſſions réſolu de
continuer nôtre Voyage ſur le Rhin juſques à Nimegue. Ce ſera la cauſe pourquoi
je ne vous dirai rien des autres Villes, qui
ſont encore ſur ce fleuve, dont la connoiſſance ne manque pas dans d'autres Relations.

Tout le chemin dès Santen à Cleves eſt
quaſi un ſeul bois, qui occupe tout l'eſpace qui eſt entre les deux Villes: avec
cette particularité que dès une Abbaye qui
n'eſt pas loin de Santen, tout le reſte du
chemin eſt tiré à la ligne, & ombragé par
des arbres plantez exprès, qui n'en font
qu'une belle & longue allée. En appro-
chant de Cleves ce bois eſt traverſé par
mille autres chemins & allées, deſtinées
comme nous crûmes pour pouvoir y faire
la chaſſe avec commodité ; (car c'eſt le
Roi, qui a fait tout nouvellement cette
diſpoſition:) & ces allées, tracées avec des
arbres allignez, coupent encore le peu de
terrein découvert, qui eſt plus près de la
Ville, en mille détours, qui feront de très-
belles promenades, quand ces arbres auront
crû, & auront des feuïllages ſuffiſans pour
y pouvoir marcher à l'ombre.

De

De même les avenuës de la Ville sont pleines de belles maisons, & de beaux jardins, où tout respire la commodité & le plaisir, comme nous le reconnûmes par la propreté & le bon air de ceux, que nous rencontrâmes sur le chemin, & qui y prenoient le frais de la soirée. Car enfin *Cleves* n'est pas une Ville de campagne, comme nous en avions tant vû sur nôtre route, qui n'avoient de Villes que le nom. Celle-ci est bâtie dans le penchant d'une montagne : Belles maisons, bonnes Auberges, & boutiques en abondance, ce qui nous fit juger qu'elle est encore aujourd'hui digne d'être la demeure d'un Souverain, comme elle l'a été autrefois de ses Ducs particuliers. Ce qui reste pourtant de la Résidence ou Palais de ces anciens Ducs n'est pas grand' chose, ou au moins n'a pas grande apparence. Il y a près de là une grosse, & haute Tour, qui domine toute la Ville, & sur laquelle il y a une horloge qu'on peut voir de tous côtez, & qui regle tout.

Nous prîmes un chariot à la Hollandoise pour nous rendre à Nimegue la premiere Ville de Hollande que nous devions toucher. Ces chariots sont plus commodes que ceux d'Allemagne. On y est à couvert. Le char est fort propre, & l'on peut être en conversation, chemin faisant, car

ils

ils ne courent pas comme les poftes d'Allemagne.

Nimegue eft une fort belle Ville, renduë fameufe dans ces derniers temps par le Congrez, où l'on enfanta la paix de l'an 1678. qui ne dura gueres, non plus que toutes les autres paix, qu'on a faites avec la France fous le Regne de ce Roi ici. On commence ici à voir la propreté, dont les Hollandois, ou plûtôt les Hollandoifes fe piquent par deffus toutes les nations du monde. Non feulement on y lave & relave les maifons, j'entens les planchers, les fénêtres, les murailles, les plafonds, mais les ruës mêmes avec des inondations de feaux d'eau, & des frottemens qui les ufent plus dans un mois, qu'on ne fait en y marchant une année entiere. Penfez fi après cela on épargne les meubles, je ne dis pas ceux qu'on lave ordinairement ailleurs, mais les tables, les chaifes, les bancs, les buffets, & généralement tout ce qui peut être dans une maifon, de forte que le Samedi c'eft un défarroi univerfel par tout, & l'on ne voit que de bonnes & groffes fervantes, les bras retrouffez jufqu'au coude, qui frottent & étrillent fans pitié tous les meubles de la maifon, & cela jufques à ce qu'ils foient auffi luifans que s'ils étoient d'or ou de cryftal. Ne penfez pas, Monfieur, qu'il faille forcer les fervantes, comme il faudroit faire ailleurs, à cette épouvantable manœuvre. Vous les chagrineriez au désespoir, si vous vouliez les en empêcher. Et c'est un point d'honneur, qui tient si fort au cœur à ces bonnes filles, que la maison de leur maître soit tenuë avec la derniere propreté, qu'elles se consoleroient de tout autre malheur, plûtôt que d'un reproche, qu'elles n'ayent pas mis les choses au point que d'autres ont fait, & qu'elles sont moins diligentes que leurs voisines.

Voici, Monsieur, quelque chose de plus. Non seulement chaque servante lave très-proprement la ruë, qui est devant chez son maître, mais s'il y a une boutique dans la maison (& en Hollande quasi tous sont marchands) il y a toûjours un auvent sur la boutique, lambrissé en dedans & en dehors couvert de tuiles. Celles-ci à cause qu'elles sont exposées à la vûë de ceux qui regardent par les fénêtres des chambres hautes, doivent passer de temps en temps en revûë, & être chacune en particulier lavée & frottée jusqu'à l'entiere corrasion de la moindre tache. Et cette fonction se fait ordinairement sur la ruë, où vous voyez les servantes une grosse brosse à la main travailler à cette lessive, avec une fierté toute particuliere, les autres, qui par occasion passent en ce temps-là, les observant avec des yeux de linx pour les insulter, si

elles

elles fe difpenfoient de quelque point marqué dans la diligence des autres.

J'anticipe un peu à vous marquer quelques-unes de mes obfervations, que je n'eus pas le temps de faire en paffant à Nimegue, & que je n'ai fait que depuis mon arrivée en cette Ville. Mais je puis vous dire que la coûtume dont je vous parle eft univerfelle en Hollande & telle, au pied de la lettre, que je vous la décris; ce que je croi n'avoir été fpécifié par aucun Voyageur, & qui eft caufe que j'ai voulu vous en parler.

Comme ce païs-ci eft bas en effet, auffi bien que de nom, on n'y peut pas faire de hauts bâtimens, à caufe du fonds folide qui manque pour y jetter des fondemens profonds. C'eft la caufe pourquoi les maifons font univerfellement baffes, & toutes tournées, comme à Cologne, felon leurs façades fur la ruë, chacune ayant fa pointe, & des fénêtres jufqu'au faîte toûjours en décroiffant. Au refte ceux qui viennent en Hollande pour y vivre à bon marché, fe trompent affûrément, & dès le premier pas que nous fîmes en ce païs jufques à maintenant, nous avons fait une expérience, qui nous a convaincus du contraire. Peut-être que ceux qui cherchent à s'y établir trouvent des adouciffemens dans une dépenfe continuée & de ménage, mais à moins que

H 2

d'avoir

d'avoir en vûë le négoce, la Hollande eſt un païs à voir, & à quitter au plûtôt, la liberté dont on y jouït n'aidant nullement à faire un Voyageur plus homme de bien.

Worcom, *Dordrecht*, & *Rotterdam*, ſont des Villes, qu'on voit en avançant vers la Haye. Rotterdam eſt grande & riche, & ſon port ou rade toûjours rempli de bâtimens, qui apportent, & remportent de nouvelles marchandiſes. Nous logeâmes ſur la place du Change, où de nos fenêtres nous voyions la ſtatuë de bronze au naturel, que la Ville a fait dreſſer à la memoire du Fameux Eraſme ſon compatriote. Cela nous donna occaſion de nous entretenir de cet homme, qui s'eſt acquis tant de reputation par ſon eſprit, & par ſa litterature, ſans avoir jamais bien fait connoître qu'elle étoit ſa veritable Religion, car vous ſavez qu'on le reclame de pluſieurs partis. On ne ſauroit nier qu'il n'ait très-bien parlé de Jeſus Chriſt, mais n'eſt-il pas vrai auſſi que *Regnum Dei non in ſermone tantùm?* Il a ſatiriſé les déſordres de l'Egliſe Romaine, & la vie des Moines: cependant il ne paroît pas trop évident qu'il ait embraſſé & ſuivi toutes les nouvelles opinions, d'une partie deſquelles il parle avec la même liberté & le même décri. Dirons-nous, Monſieur, qu'il eſt mort de la Religion des honêtes gens, comme parlent pluſieurs

plufieurs qui voudroient paroître tels, c'eſt
à dire de toutes les Religions, & d'aucune, approuvant, & improuvant beaucoup
de choſes dans toutes, ſans ſe déclarer pour
aucune. Si cela eſt, j'eſtime malheureux
un homme, qui avec autant d'eſprit, qu'en
avoit Eraſme, ne pourroit ſe réſoudre à
rien, puis qu'enfin il faut croire quelque
choſe pour ne pas encourir cette terrible
ménace, *Qui verò non crediderit, condem-
nabitur.*

Je me donnai l'honneur de voir à Rotterdam Monſieur Bayle, qui fait tant d'honneur aux belles lettres par les riches pro-
ductions de ſon eſprit, dont il continuë
d'enrichir le monde. Je trouvai dans ſa perſonne un ſavant à mon gré, parfaitement
honête homme, & dont les manieres éloignées de la préſomption & de la pedante-
rie me parurent celles des hommes des
vieux temps, où la ſincerité, & la pudeur étoient les premieres vertus, deſquelles on cherchoit à ſe faire honneur. J'en
ai vû d'autres ici à la Haye, qui s'y diſ-
tinguent par diverſes ſortes de litterature,
& parmi ceux-là Monſieur Banage de Beau-
val, Auteur de l'Hiſtoire des Ouvrages
des Savans, qui donne une ſi grande idée
de la profondeur de ſon érudition, & de
l'univerſalité de ſon ſavoir, unie avec une
une honêteté, & une ouverture de cœur

très-

très-obligeante envers tout le monde. Je finirai ici de vous écrire & de vous parler de nôtre voyage, car tout ce que je pourrois vous dire de plus de la Hollande, vous le trouverez, où vous l'aurez déja lû dans d'autres Relations. Je suis,

MONSIEUR,

Vôtre très-humble.

XII. LET-

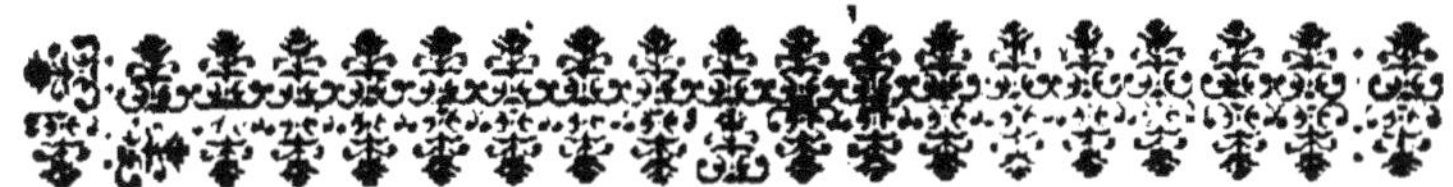

XII. LETTRE.

De l'état préfent des Catholiques Romains en Hollande.

MONSIEUR,

VOus avez raifon de vous plaindre qu'il y ait déja affez long-temps que je fuis en Hollande, fans avoir tenu la parole que je vous avois donnée en partant, de vous écrire l'état de nos Catholiques en ces Provinces par rapport aux brouïlleries qui les travaillent. Cependant je vous avoüe que je doute encore d'en favoir affez pour vous éclaircir pleinement fur ce fujet, & nonobftant le foin que j'ai pris de m'informer de part & d'autre, j'ai peur de ne pénétrer pas affez dans le fond, & les caufes de cette divifion pour vous en écrire avec une entiere certitude. Puis que vous voulez néantmoins que je vous en parle, je partagerai ce que je vais vous écrire

en choſes de fait & en conjectures, rédui-
ſant aux premieres ce dont on ſemble convenir de part & d'autre, & aux ſecondes les
apparences, qu'il y a d'équité ou de paſſion dans ce dont on ne convient pas également.

Il eſt ſûr premierement qu'il y a deux
partis formez de Jeſuites & de Janſeniſtes,
outre une grande partie d'honêtes gens,
qui ſe défiant un peu des uns & des autres
ſe tiennent neutres dans la querelle, & ſe
contentent d'être Catholiques Romains,
ſans vouloir être partiſans, & beaucoup
moins eſclaves de l'une ou de l'autre faction. Ce mot de faction étant odieux, je
n'en uſerois pas en parlant aux uns ou aux
autres de ces Meſſieurs. Mais comme la diviſion, qui regne parmi eux, fait voir
qu'ils ne ſont pas unis par une charité parfaite, & qu'il peut y avoir dans leur fait
beaucoup de paſſion humaine, qui ne vient
point à propos dans les choſes de Dieu,
& dans la pourſuite de ce qu'on croit même le plus juſte, ce ſera ſur cet excès, ou
cette paſſion humaine, qu'il vous plaira de
faire tomber le mot de faction, par lequel
je proteſte d'ailleurs de ne vouloir décrier
ou rendre odieux aucun des partis, qui
me ſont tous deux à cet égard très-indiffé-
rens.

Comme la ſignification des mots eſt ce
dont

dont il faut convenir avant toute chofe pour parler jufte, je commencerai par décrire ce qu'on entend par les termes de Jefuites & de Janfeniftes. Sous le nom des premiers on comprend non feulement les P. P. de la Compagnie, mais tous les autres Réguliers, Prêtres, & Partifans de leurs fentimens. Ce qui fait que bien qu'il n'y ait dans ces Provinces que peu de Religieux de la Compagnie, le nombre cependant de ceux, qui fe laiffent regler par leur conduite eft grand, & fait un parti confidérable, qui femble même entraîner tous ceux, qui ne font pas du côté de leurs adverfaires. Cela n'eft pourtant pas comme je vous ai dit ; car quoi qu'en matiere de foi il femble qu'il n'y ait que deux partis à prendre, de croire ou de nier ce dont il eft queftion : toutefois comme dans l'affaire préfente il y a très-peu de cette matiere de foi, & beaucoup de chofes qui fe rapportent uniquement à la difcipline de l'Eglife, & à la maniere dont on veut faire prévaloir fes fentimens, il y a beaucoup de perfonnes, qui contentes de leur croyance Catholique, & éloignées par leur état de l'adminiftration des Sacremens, laiffent le refte au zele de ceux, qui le veulent défendre ou contredire.

Il eft donc vrai qu'il y a beaucoup de chofes de celles qui font en controverfe en-

H 5

tre

tre les deux partis, qui ne regardent que la difcipline, & nullement la foi de l'Eglife, & pour lefquelles on donne cependant le nom de Janfeniftes aux adverfaires des Jefuites. Cela eft-il conforme à la juftice, & à la charité Chrétienne? Par le nom de Janfeniftes on entend communément les défenfeurs obftinez des opinions condannées. On vient donc par là à donner le nom d'héretiques (qui eft le plus grand, & le plus honteux reproche qu'on puiffe faire à un Chrétien) à beaucoup de perfonnes, qui profeffent de tout leur cœur une croyance Catholique, quoi que d'ailleurs elles puiffent être témeraires, défobéiffantes, & rebelles même fi on veut au Chef de l'Eglife.

Ceci tombe particulierement fur la troupe, & le commun de ceux qu'on appelle Janfeniftes, & lefquels n'étant ni informez, ni capables de difputes fur les matieres fpéculatives, qui ont troublé la paix de l'Eglife au fujet de la Grace de Jefus Chrift, & toutefois adhérens à leurs Chefs & Pafteurs, font marquez de ce nom abominable à caufe de cet attachement. Cela n'eft-il pas outré? Et quand ces Pafteurs mêmes feroient dans des fentimens fpéculatifs, & hors de pratique, éloignez de la pureté de la foi, quel crime eft-ce au peuple qui n'en eft point inftruit, de recevoir d'eux les Sacremens,

cremens, & la direction exterieure, juſqu'à ce que le S. Siége les ait privez de
leur miniſtere, & ait fouſtrait les fidéles
à leur Gouvernement ? Avec un peu de charité n'adouciroit-on pas beaucoup les affaires en faiſant une bonne diſtinction eñtre
les ſujets de la controverſe, & en ſéparant
ce qui eſt véritablement héreſie d'avec ce
qui n'eſt que déſobéiſſance aux ordres, &
aux reglemens de l'Egliſe ? Il ne faut nullement douter qu'on ne diminuât déja par
cette voye de plus de la moitié le nombre
des Héretiques, dont on fait ſi peur à Rome, & que faiſant agir la perſuaſion & la
douceur, on ne ramenât le plus grand
nombre de ceux qui ſont aujourd'hui con-
ſidérez par les autres comme des membres pourris & retranchez du corps de l'E-
gliſe.

Que diriez-vous, Monſieur, ſi je vous
aſſûrois de ce qui eſt vrai au pied de la lettre, que l'animoſité eſt ſi grande entre les
partis que les choſes, pour peu qu'on les
pouſſe, ſont à la veille d'en venir, non pas
à des diſputes, mais à des maſſacres, & à
des guerres ouvertes avec l'épée & le mouſ-
quet de peuples contre peuples, qui ſe
traitent reciproquement avec toute l'aigreur
d'une inimitié mortelle ? J'ai ouï de mes
oreilles de ces zelez, proteſter avec un emportement furieux d'être prêts & de ſou-
haiter

haiter même de devenir dans le moment les bourreaux des Janfeniftes. Et comme je voulus les faire fouvenir de la charité Chrétienne, qu'il faloit avoir pour tous dans la vûë que les plus méchans peuvent changer, qui me répondirent *qu'il ne faloit rien attendre de cela des Janfeniftes, parce qu'ils étoient tous obftinez commé des Diables.* Doit-on appeller Apôtres & Difciples de Jefus Chrift, ou plûtôt enfans du Tonnerre, ceux qui infpirent ces difpofitions aux peuples? Car enfin, on ne peut gueres croire que ce zele forcené foit l'effet d'un penchant naturel, ou d'un amour ordinaire pour la Religion, mais bien celui d'une impreffion étrangere.

Il femble donc qu'on feroit très-bien au lieu de faire un gros de toutes les accufations, qui ne peuvent regarder tous les particuliers du parti, & au lieu de crier à l'héretique & au danné contre tout ce qui ne veut pas recevoir certaines impreffions de diftinguer entre lepre & lepre, entre peché & peché, & de chercher peu à peu à éteindre le feu, au lieu d'y jetter de nouvelles matieres, avec un zele qui ne paroît pas tout venir du Prince de la paix, que tous adorent également, & qui ira enfin à tout perdre, fi on ne le retient dans des limites raifonnables. Il eft fûr que les plus fages & les plus modérez fe font fouvent

d'un

d'un zele très-bon dans ses commencemens une idole, à qui ils immolent dans la suite aveuglément leur repos, & leurs consciences par l'entêtement de tout entreprendre pour le faire triompher. Il n'est pas moins certain qu'il y a des persécutez, qu'on auroit pû ramener avec la persuasion & la douceur, & qui s'obstinent de même avec le temps à soûtenir non seulement ce qu'ils croyent être la verité, mais ce qu'ils condanneroient encore sans le dépit & la mauvaise honte de succomber, & de donner gain de cause à leurs Adversaires.

Ne pensez pas que je plaide pour les Jansenistes, ou que je soûtienne leur parti, parce que je suis dans leurs sentimens. Je désaprouve & blâme leur conduite en mille choses, comme je vais vous le dire ci-après. Mais je parle pour la paix & pour la réünion des esprits, à laquelle je voudrois qu'on travaillât, plûtôt que d'entendre sonner le tocsin pour s'entre-détruire mutuellement. Ce qui arrivera si on n'y apporte du rémede au grand préjudice de la Religion Catholique Romaine, le Clergé de laquelle ne subsistant ici que par la tolerance de Messieurs les Etats, qui doute que ceux-ci ne viennent à de fâcheuses résolutions, s'ils voyent que les choses vont au soûlevement des peuples, & à une guerre intestine ?

Les

Les reproches dont on charge les Janfeniftes font de batifer les enfans en langue
vulgaire, ou au moins de réciter les prieres de l'Eglife, qui accompagnent une
telle cérémonie en cette langue: de refufer
ou différer l'abfolution à leurs pénitens en
certains cas: d'enfeigner des malices aux
jeunes filles fous prétexte de les interroger
dans la confeffion touchant les circonftances des pechez fenfuels: de défendre l'ufage
du mariage aux conjoints hors de l'efpé-
rance d'avoir de la fucceffion, ou en d'autres cas, où la conjonction eft inutile pour
cette fin: de détourner quelques legs pieux
à d'autres ufages que ceux qui font exprimez par les Legataires; de croire dannez
les enfans morts fans batême: de ne pas
vouloir reconnoître Immaculée la Conception de la Vierge: de ne pas faire tout le
fond qu'on voudroit fur les Indulgences &
les Confrairies, qui font en ufage dans l'E-
glife Romaine: de crier hautement contre
les opinions relâchées, & de rendre odieux
au peuple ceux aufquels on les attribuë: de
décrier l'appareil, & l'ornement des Eglifes comme fi c'étoit un foin profane, & op-
pofé à la fainteté de nos Myfteres: de publier & d'avoir publié quantité de libelles,
en la langue du peuple, que les connoif-
feurs affûrent être fort fouvent des fatires
très-piquantes contre leurs Adverfaires, ou

des

des loüanges outrées de ceux de leur parti:
de prétendre la subsistance des Chapitres
Ecclesiastiques d'Utrecht & de Harlem:
de s'être érigez en Archiprêtres, Vicaires,
Doyens, & telles autres dignitez, qui sont
en usage dans les Chapitres subsistans dans
les Terres des Catholiques Romains: de
s'obstiner à soûtenir l'innocence & le rang
de Monseigneur de Sebaste, depuis même
qu'il a été suspendu, & privé de son ad-
ministration: enfin d'avoir recouru à la
puissance Séculiere de Messieurs les Etats,
& pour leur manutention particuliere, &
pour faire donner l'exil à une quantité
d'Ecclesiastiques qui ne sont pas de leur
parti, & qu'on croit avoir été éloignez,
parce qu'ils cherchoient à mettre en execution les Décrets du Pape, & adhéroient
au nouveau Provicaire envoyé par sa Sainteté: de ne pas vouloir reconnoître celui-
ci, & publier que le déposé a été circon-
venu à Rome par la cabale des Jesuites, qui
ont procuré sa déposition, nonobstant la
pureté de sa doctrine, & la droiture de sa
conduite.

Voilà bien des griefs, & on seroit embarassé à répondre & à se justifier sur beaucoup moins. Cependant avec mon ingénuité ordinaire j'ai dit en quelques rencontres
qu'aucun de tous ces chefs en particulier,
ni tous ensemble ne sauroient non plus
faire

faire un Janseniste de celui qui les défendroit, ou les auroit commis, qu'un Gnostique, ou un Manichéen, ce qui a manqué à me faire des affaires. Aucune de ces imputations ne peut, comme vous voyez, faire un Janseniste dans le sens naturel de ce mot, puis que les cinq propositions n'ont rien de commun avec aucune de ces matieres. Cependant quoi qu'il y ait quelques-uns de ces chefs, dans lesquels on ne sauroit condanner que l'excès que ces Messieurs peuvent avoir commis en déclamant, par exemple, contre la confiance outrée dans les Indulgences & les Confrairies, auquel sens je veux croire, comme ils le disent, qu'ils ont entendu leurs déclamations, quasi tous les autres sont des fondemens suffisans pour les rendre odieux aux bons Catholiques, & pour les faire condanner en cas d'obstination, comme je les ai condannez & les condanne sans déguisement & sans restriction.

Car enfin quoi que la forme du Sacrement de Batême soit la même, & ait le même effet proferée en toutes les langues, c'est un caprice déreglé en un Pasteur de se séparer de l'usage commun, & rien que le repentir, & une disposition sincere de suivre à l'avenir la pratique de l'Eglise ne peut excuser ceux, qui s'en étoient éloignez. Differer, ou accorder mal à propos l'absolution

lution & fcandalifer les confciences par des interrogations trop chatouïlleufes peut être plûtôt le défaut d'un Miniftre mal habile, que mal intentionné. C'eft cependant un grand mal que de s'expofer au Miniftere des Sacremens fans la capacité néceffaire, & de tourner ainfi les moyens de fanctification en occafions de fcandale. C'eft de même un confeil outré de faire un fcrupule aux perfonnes mariées d'une chofe, à laquelle leur conjonction leur donne un droit inconteftable, quoi que comme les ames pures eftiment pechez & imperfections la complaifance fenfuelle qui fe peut mêler dans la pratique des chofes les plus faintes, on puiffe dire qu'il eft rare que le plaifir ne gâte un peu la pureté, qui devroit fanctifier toutes les actions des Chrétiens.

C'eft bien pis de détourner les intentions des bonnes ames à d'autres fins que celles, aufquelles elles veulent que leurs aumônes foient employées, & fi le nom de larcin manque à la fraude, la nature y eft toute entiere. J'entens pourtant qu'ils fe plaignent qu'on leur prête ce vol, & que fi on étoit bien informé de l'état des capitaux deftinez à ces pieux emplois, on les excuferoit plûtôt que de les condanner. Ils fe plaignent de même que l'Eglife n'ayant encore rien décidé fur la Conception Immaculée, & fur l'état des enfans qui

meurent ſans batême on leur fait un crime
d'héreſie ſur des ſentimens, qui ne leur
ſont nullement particuliers, & qui même
ſont de quelques grands Saints. Mais comme
la foi de l'Egliſe à l'égard de beaucoup de
choſes eſt comme la lumiere qui dès ſa naiſ-
ſance va toûjours croiſſant juſqu'à ſon midi,
il y a ſujet de trouver à redire à la hardieſſe
de ſoûtenir des opinions qu'on voit que
l'Egliſe va peu à peu abandonnant ; & ce
n'eſt pas être fort diſcret que de vouloir ſe
roidir contre le torrent dans des choſes, qui
ont l'apparence d'une ſingularité criminelle.

Décrier les opinions & les Auteurs, qui
conſeillent ou permettent le relâchement
dans la Morale, eſt un emploi, où la malignité naturelle de l'homme peut avoir une
grande part, & ſi chacun s'appliquoit le
*qui veſtrum ſine peccato eſt, primus in illam
lapidem mittat,* peut-être que le nombre des
Déclamateurs ſeroit beaucoup moindre.
Graces au Ciel, on a aſſez bien défriché
ces ronces de l'Egliſe ; & la cenſure de tant
d'opinions, dont perſonne n'oſe plus ſe
porter ouvertement pour garent ſemble
laiſſer celles qui reſtent à couvert de reproche. Il eſt cependant un peu étonnant
qu'on faſſe un crime à des gens qui s'efforcent d'accrediter les opinions les plus ri-
goureuſes dans la Morale, leſquelles par là
devien-

deviennent les plus sûres ; les adoucisse-
mens n'étant que des raisons qu'on cherche pour se dispenser de l'observation plus
entiere des commandemens de Dieu, &
des obligations du Christianisme Est-ce
un mauvais conseil que celui de Jesus Christ
qui nous encourage aux actions les plus
parfaites, *Estote perfecti sicut Pater vester
cœlestis perfectus est?* Et si l'on croit permis
de ménager la foiblesse humaine par une
condécendance raisonnable, pourquoi vouloir proscrire des guides à une plus haute
perfection? On n'oblige personne à se con-
fesser à ces rigoureux Directeurs : mais
pourquoi vouloir par le décri de leur conduite que personne ne le fasse?

Pour les prétentions qu'on dit que ces
Messieurs ont que les Chapitres d'Utrecht,
& de Harlem subsistent, je croi qu'il y a
bien du sujet de les croire insubsistantes,
particulierement à l'effet que l'on voudroit
établir d'une Jurisdiction ordinaire *Sede
vacante,* c'est à dire continuelle, & d'un
droit acquis à ces Chapitres de suppléer
toutes les fonctions Episcopales par raport
au Gouvernement des Dioceses, puis qu'il
n'y a jamais d'Evêques particuliers, ou au
moins résidens. J'ai eu la curiosité de lire
leurs raisons, débitées, il faut l'avouër,
avec beaucoup d'érudition & de connoissance des loix & de l'Histoire Ecclesiasti-

que.

que. Mais je me trompe, ou le plus fouvent *vagantur*, comme on dit, *extra thefim*,
ou fuppofent ce qui eft en queftion. On y
parle d'une fuite d'élections, & de provifions de ces Canonicats, & Dignitez, mais
toutes faites entr'eux. On y rapporte des
tranfactions paffées entre des Vicaires Apoftoliques, & ces prétendus Chapitres. Quelle
difficulté trouve-t-on que quelques-uns de
ces Vicaires ayent été d'accord avec eux fur
cela? Ils étoient du païs, ou n'étoient pas
fâchez de faire cet honneur à la nation pour
fe l'attacher davantage. Il faudroit citer
des reconnoiffances des Papes, & des Actes
de Rome, qui témoignaffent qu'on y a
reconnu ces Chapitres. Il y a eu, dit-on,
des choix de plufieurs Prêtres & Pafteurs,
qui tenoient des Affemblées, où ils con-
feroient entr'eux des affaires de la Miffion,
& de ce qui regarde la conduite fpirituelle
des Catholiques difperfez par toutes les
Provinces de Hollande. Ces Elûs ne com-
pofoient pas des Chapitres d'Eglifes particulieres, puis qu'ils pourvoyoient au
long & au large à tout, & qu'ils recon-
noiffoient tous également le Vicaire Apof-
tolique *pro tempore* en cette précife qualité
de Vicaire, & non d'Evêque, qui fût leur
Chef particulier, & qui les employât comme fes Vicaires dans le Gouvernement de
ces Diocefes qu'on veut établir.

Ils

Ils prétendent au moins que le Vicaire Apostolique soit nommé à leur présentation, & que le Pape n'en puisse établir d'autre qu'un de ceux qu'ils choisiront pour cette dignité. La chose, n'étant point hors de ses convenances, seroit en tout autre temps plus faisable qu'en celui-ci, où l'alienation s'étant fourrée parmi les esprits, & ceux-ci étant aigris de part & d'autre, le Pape a sujet de prendre des mesures plus assûrées que celles de remettre la Mission en des mains, qui pourroient accroître plûtôt que d'assoupir la méfiance. Outre cela la qualité de Vicaire Apostolique étant celle d'un Ministre du S. Siége, amovible, *ad nutum*, & non pas d'un Évêque, Chef & Pasteur d'un troupeau particulier, il semble que ni eux, ni même tout le Clergé de Hollande en géneral n'ont pas le droit de prescrire des loix au Souverain Pontife sur cela; les droits des anciens Empereurs, & de ces Chapitres dans les siécles Catholiques, qu'on reclame encore, n'étant point passez à une troupe de Prêtres, ausquels on permet d'exercer en secret, & toûjours avec crainte, le soin des ames d'un petit nombre de Catholiques, contraires à la Religion dominante du païs.

Je n'entre pas davantage dans leurs prétentions au sujet de Monseigneur de Se-

baste,

baſte, & quoi qu'on ſe plaigne à ſon égard
des manieres occultes, & par cela un peu
ſuſpectes, dont on dit qu'on l'a décrié
à Rome, ſans faire paroître à découvert ni
accuſateurs ni témoins, ou au moins ſans
que ceux qu'on croit lui avoir voulu faire
de la peine, oſaſſent ou vouluſſent ſe nommer : cependant ayant été ouï, examiné
& ſententié au Tribunal de nôtre Souverain Juge, quand ce ſeroit encore plus à
tort qu'on ne le dit, c'eſt à lui & à tous
les Catholiques à ſe ſoûmettre, ſauf à eux
à procurer enſuite de leur obéïſſance par
tous les moyens raiſonnables de faire connoître les motifs, qui rendent leur acquieſcement forcé. Tous les exemples
qu'on cite des Papes, qui ont permis qu'on
leur fit des remontrances ſur des ſentences
qu'ils avoient renduës en des cas particuliers, & ſemblables à celui-ci, ne vont pas,
ce me ſemble, plus loin : & c'eſt par cette
ſoûmiſſion plûtôt que par une contradiction manifeſte qu'on a vû quelquefois l'innocence triompher des accuſations, & les
Juges retracter leurs ſentences.

Il y a eu quelques cas, dans leſquels l'E-
gliſe a recouru à la protection d'une Puiſ-
ſance étrangere, & même ennemie de la
foi : mais la juſtice étoit évidemment de
ſon côté. Le Pape même étoit celui, qui
permettoit qu'on recourût à un Prince ſé-
culier

culier pour que fon autorité empêchât que la cabale d'un Antipape ne prévalût dans l'Eglife; au lieu qu'ici c'eft contre le Pape qu'on recourt, & dans une caufe qui ne peut être moins que douteufe dans l'efprit de la partie même, qui implore cette protection. Joignons à cela que ceux à qui on recourt n'étant pas informez autant qu'il le faudroit de nos loix, & de nôtre culte, leur autorité y étant mêlée peut produire de très-grands défordres, dont le premier & le plus important feroit, que voulant maintenir des perfonnes, aufquelles on a ôté la Jurifdiction fpirituelle, tout ce que celles-ci feroient dans l'exercice de cette Jurifdiction, feroit abfolument invalide au grand dommage des ames, qui continueroient bonnement à vivre fous leur conduite & direction.

Mais nonobftant toute cette grande lifte de griefs & tant de défordres, caufez, comme on prétend, par les Janfeniftes, & que je viens de décrire, comme vous voyez fans aucun adouciffement, je croi la chofe fufceptible d'accommodement & d'accord, fi on vouloit y travailler avec une main vrayement charitable, & par la voye de perfonnes de probité & de crédit, qui vouluffent s'y employer. Rien n'empêche de croire ces Meffieurs affez raifonnables pour revenir de l'éloignement où ils font des

ufages

uſages de l'Egliſe, & pour diſſimuler leurs ſentimens par un ſilence reſpectueux ſur des choſes, que l'Egliſe n'a point encore formellement décidées. Tous les autres differens, dont j'ai parlé, trouveront leur accommodement, ou leur tempérament raiſonnable, ſi on le veut chercher. Le point capital, & la grande affaire eſt celle du Janſeniſme effectif, & veritable, duquel je ne vous ai point encore parlé, & pour lequel on peut juſtement donner le titre d'Héretiques à ceux qui en ſont effectivement convaincus. Ce point eſt incomparablement plus difficile à éclaircir que tous les autres, parce que les uns accuſent hardiment, & les autres nient avec la même fermeté, & qu'il eſt impoſſible d'en parler ſur des preuves, & des rapports dont chacun convienne. Voici cependant comme j'entens la choſe.

Nous ſavons tous qu'il y a cinq Propoſitions condannées par les Papes Innocent X. & Alexandre VII. qu'on ne peut ſe revolter contre ces déciſions ſans encourir la tache de rebelles, & d'héretiques. Mais tout le monde n'eſt pas encore d'accord ſur l'étenduë de la ſoûmiſſion qu'on doit rendre à ces Décrets pour ne point ſortir de la Communion de l'Egliſe. Il n'y a gueres de perſonnes au monde, qui ne ſe payaſſent d'un déſaveu, & d'une condannation ſincere de

ces

ces mêmes Propositions, & qui ne recon-
nuſſent pour Catholiques tous ceux qui
proteſtent de condanner ſincerement tout
ce qui a été condanne. Cependant il y a
une infinité de perſonnes qui ſe plaignent
qu'on les perſecute nonobſtant ce déſaveu,
& cette proteſtation qu'ils ont faite mille
fois, & qu'ils ſont prêts de faire en toute
occaſion. Cela fait voir tout au moins que
tous les hommes ne forment pas un même
jugement des mêmes choſes, & qu'il y en
a qui ne ſont pas contens quand les autres
ſont ſatisfaits.

On déſavouë, & on proteſte de bouche,
dit-on, & on retient le venin dans le cœur,
qui échappe, & ſe répand après cela en diverſes manieres, au ſcandale & à la ſéduc-
tion des ames. Cela pris généralement
pourroit être: mais ne pourroit-il pas être
auſſi que certaines gens, qui prennent ſur
eux ſeuls le ſoin de penſer & de pourvoir à
tout, ſe trompent quelquefois, & que
prévenus de la paſſion de paroître importans
& néceſſaires dans le monde, ils croyent
de voir ce qu'ils ne voyent pas, & ainſi
troublent la paix & le repos des autres par
leurs ſoupçons & par une démangeaiſon
inquiete, qu'ils ont de tout redreſſer, même ce qui eſt le plus droit? Les proteſta-
tions ſont équivoques, dit-on, & pourquoi ce zele ne l'eſt-il point, d'autant plus

I 5

qu'on

qu'on ne voit point que ces empreſſemens ſoient ſuivis de délations dans les formes, qui faſſent toucher au doigt le crime des coupables, & de condannations expreſſes de perſonnes convaincuës de ſuivre une doctrine préciſe, qu'on déclare erronée? Juſques à préſent on n'a eu que des paroles & des écrits pour s'exprimer, & faire connoître ſes ſentimens : d'où vient donc qu'aujourd'hui cela ne ſuffit pas, & que malgré toutes les aſſûrances verbales, & écrites, on n'en veut pas croire des perſonnes, d'ailleurs de crédit & de réputation dans le monde? N'eſt-ce point qu'on veut par force ſe faire des ennemis pour avoir le plaiſir de les combattre, & des coupables afin de les punir?

Les expreſſions les plus claires, dit-on encore, ſont ſujettes à être interprétées, & on ne peut trop ſe précautionner contre la duplicité & la mauvaiſe foi , ſur tout dans des matieres importantes à ſalut. Et qui en doute? & que les mêmes paroles qui dans la bouche de Jeſus Chriſt étoient un oracle, quand il diſoit, *Pater major me eſt*, devinrent un horrible blaſphéme dans celle des Ariens, qui oſerent ſur ce témoignage nier l'égalité de ce Fils adorable avec ſon divin Pere, parce qu'ils le prenoient ſéparé des autres, qui le déterminoient à ſon vrai ſens? Mais cela n'excuſe-t-il point

ceux,

ceux, qu'on pourſuit, quand ils proteſtent de condanner dans les Propoſitions tous les ſens héretiques, qui y peuvent être, ſans aucune exception ni adouciſſement, & de retenir ceux-là ſeuls, s'il y en a, qui pourront s'accommoder avec quelque verité? Et pourquoi veut-on prendre au criminel des paroles rectifiées par les éclairciſſemens qu'ils donnent dans le reſte de leurs diſcours, ou de leurs écrits?

D'autre côté le mélange du Fait & du Droit dans cette querelle du Janſeniſme eſt un manteau, dont il ſemble qu'on ne devroit plus ſe couvrir pour continuer à ſe battre, puis que par la paix de l'Egliſe toutes les obligations furent réduites à un ſilence de reſpect ſur les faits; les déciſions d'autres Papes ſur les Antipodes, ſur le pain des Cordeliers, & ſur d'autres faits, ayant aſſez fait comprendre à tout le monde que ces ſortes d'arrêts ſur des matieres non néceſſaires à ſalut n'obligent à aucune ſoûmiſſion, ou acquieſcement interieur, mais à la ſeule modération exterieure dans nos diſcours, & à la véneration, qui eſt dûë au Chef commun de l'Egliſe, à qui il eſt meſſéant de s'oppoſer & de contredire hors de propos.

Car enfin, pour appliquer cette doctrine à des choſes, qui nous touchent de plus près: ſi par malheur pour quelques-uns il
arrivôit

arrivoit jamais qu'un Pape selon le droit expressément réservé par Paul V. à ses suc-cesseurs vint à la résolution de donner une sentence définitive sur les questions qui s'agiterent de son temps, laquelle ne leur plût pas, conseilleroient-ils au Pape de comprendre dans sa condannation le premier inventeur des Dogmes, qui furent alors contestez, & que pour donner plus de poids à la flétrissure de la doctrine, il y comprît encore l'Auteur, & en fît un hérétique, malgré toutes les dispositions Chrétiennes de résignation & d'acquiescement au jugement du S. Siége, qu'on veut croire pieusement, qu'il a retenu en publiant & défendant ses opinions? Le cas n'est nullement Métaphysique, & tant d'années écoulées, nonobstant tout le crédit & l'adresse d'un grand parti sans pouvoir faire changer en approbation expresse, ce qui ne subsiste que par une pure tolerance, donne à mon avis, quelque sujet de craindre une condannation, qui ne fut, dit-on, alors suspenduë, que pour des raisons, qui ne font pas même un grand honneur à ce parti.

En voilà assez, me direz-vous, pour me faire Janseniste jusqu'aux dents, & pour m'embarquer dans un Vaisseau, qui souffre encore aujourd'hui une si furieuse tempête dans quelques endroits du monde Catholique.

que. Rien moins que cela, Monſieur, &
ſi j'en étois crû, je ſai un moyen infaillible pour donner le change, & mettre hors
de carriere tous ces zelez, qui pourſuivent
ſi chaudement le Janſeniſme. Car bien loin
de m'expoſer à la moindre perſecution je
ſignerois mille formulaires ſur la foi de ceux
qui me commandent de dire que les Propoſitions ſont dans Janſenius, & qu'il eſt
hérétique, ſauf à lui à faire connoître au
jour du Jugement la malignité & l'hypo-
criſie (s'il y en a) de ceux qui ſe ſont donné tant de peines, & formé tant d'intrigues pour obtenir cette déclaration. Je n'ai
jamais lû, & apparemment je ne lirai jamais le livre de Janſenius. Le Pape me dit
qu'il a écrit des héreſies, je le dis avec lui,
parce qu'il me le commande ſans autre for-
malité ni exception.

Non, Monſieur, je ne porte aucune envie à la gloire de ces Héros, qui ont ſi-
gnalé par leur patience, & leurs martyres
la Catholicité ou prétenduë telle de l'eſprit, & du cœur de Monſieur l'Evêque
d'Ypres, & je ne puis encore comprendre
qu'il y ait aujourd'hui des hommes aſſez
réſolus pour tout ſouffrir, plûtôt que de
condanner la memoire d'un homme qui ne
leur touche en rien, & qu'ils ne condannent que ſur la foi d'autrui, comme les Juges condannent ſur la dépoſition des témoins.

moins. Mais ſi l'on ſe moque de ma docilité ſur ce point, qui m'eſt indiſpenſable ſi je veux vivre dans le monde parmi des gens conjurez à l'oppreſſion de tous ceux qui ne parleront pas comme eux : qu'on ſe moque, & qu'on s'étonne bien davantage de voir ces autres perſonnes, ſe faire un point d'honneur, & de conſcience de pouſ-ſer juſques aux dernieres extrémitez une querelle où ils ne peuvent nier que tout ne ſoit encore ambigu, & où il ſemble que les parties cherchent à ſe jouër reciproquement, les Janſeniſtes ſe défendans de l'Héreſie comme du feu, & leurs adverſaires voulant à hauts cris qu'ils condannent des Propoſitions, qui pouvant avoir pluſieurs ſens ne ſemblent ni juſtifier ni condanner leurs qualificateurs ſur rien de déterminé & de déciſif.

Jeſus Chriſt eſt mort pour tous, dit-on, & par la tête & par la mort les Janſeniſtes le confeſſeront, ou nous les perſecuterons juſqu'à la mort. Quoi donc ces Meſſieurs ne diſent-ils pas leur *Credo*, & ne reconnoiſſent-ils pas comme il y eſt exprimé, que Jeſus Chriſt eſt décendu du Ciel, & qu'il eſt mort pour le ſalut des hommes ? Ils diſent que Jeſus Chriſt n'eſt mort que pour les Elûs, & nous voulons qu'ils diſent qu'il eſt mort pour tous. Quoi ne reçoivent-ils pas l'Ecriture Sainte, qui en mille textes exprès aſſûre qu'il eſt mort

pour

pour tous : *Pro omnibus mortuus est Christus ?*
Non je ne les croi pas si foux que de s'inf-
crire en faux contre ces veritez adorables,
ni si enragez que d'envier le fruit de la mort
de Jesus Christ à personne, qui est le crime des Démons. Mais c'est du fruit de
cette mort qu'ils entendent parler (disent-
ils) qui par malheur n'étant pas appliqué
aux Réprouvez n'est pas la cause efficace de
leur salut, comme de celui des Elûs, selon
cet autre texte & cette déclaration expresse
de Jesus Christ même qui proteste de prier
pour eux & non pour les Réprouvez, *Pro*
eis rogo non pro mundo. Il est infaillible que ces
paroles & d'autres semblables qui mettent
de la difference entre les hommes, pour lefquels Jesus Christ est mort, ont quelque sens
Catholique, autrement Jesus Christ auroit
parlé contre la verité & contre soi-même.
Si les prétendus Jansenistes ne l'entendent
que dans ce sens Catholique, que veut-on
davantage ? Et seront-ils heretiques avec la
foi & les paroles de Jesus Christ même ?

Il y a trois choses qui me paroissent de
foi, nécessaire à salut dans cette matiere:
premierement que Dieu est mort pour tous
les hommes sans exception, & qu'il a donné un prix au delà du suffisant, pour la
rédemption de tous, quoi que tous ne
soient pas effectivement sauvez. En second
lieu qu'il a une veritable & sincere volonté
de

de fauver tous : & en troifiéme qu'il y a des graces interieures, qui fe font fentir dans l'ame, & aufquelles on réfifte très-fouvent. Je tiens pour hérétiques & perdus tous ceux, qui ne croyent pas ces Articles. Mais les autres queftions fur le comment, & le pourquoi le tout fe fait : fur la qualité de la volonté antécedente, conféquente, efficace, abfoluë, de bon plaifir, d'approbation, de permiffion, de tolerance, & que fai-je? avec laquelle Dieu veut le falut de tous, & la perte des dannez : fur la qualité des fecours, & des moyens, dont il fe fert pour fanctifier paffagerement ou finalement les ames, font-ce des matieres de foi ou de difpute ? Qui eft-ce qui connoît & peut déterminer les voyes de Dieu dans la conduite qu'il y tient ? *Quis cognovit fenfum Domini, aut quis Confiliarius ejus fuit?* Et doit-on embaraffer le peuple de ces difficultez? le peuple, dis-je, incapable de fe démêler des fubtilitez de l'Ecole?

Je croi dit le Charbonnier que Dieu eft mort pour tous, comme le Curé de mon Village me l'enfeignoit, à peu près comme le Soleil fe leve pour tous. Mais s'il y a quelqu'un d'affez malheureux pour paffer la journée dans le fond d'un cachot, ou, ce qui feroit encore pis, pour fe crever les yeux afin de ne le pas voir, ne peut-on

pas

pas dire en quelque fens que le Soleil ne s'eft point levé pour lui, comme les Réprouvez fe plaignent qu'il ne s'eft pas levé pour eux, *Sol intelligentiæ non eft ortus nobis;* quoi que ce Soleil foit la lumiere qui illumine tous les hommes qui viennent au monde. *Erat lux vera, quæ illuminat omnem hominem venientem in hunc mundum.* Je croi, continuë le Charbonnier, que Dieu étant fouverainement bon a une volonté très-fincere de fauver tous les hommes, à peu piès de la maniere dont un Juge, ou Gouverneur de Province veut & fouhaite fincerement que tous les particuliers vivent, fe réjouïffent & foient heureux. Mais s'il y a des efprits mal faits & mal inclinez, qui veüillent troubler la paix, & outrager le prochain par des vols, des homicides, & d'autres femblables crimes, il a auffi une très-jufte & très-veritable volonté qu'ils foient punis, & même du dernier fupplice, felon les difpofitions de Dieu même, *Anima quæ peccaverit ipfa morietur.* Je croi, dit-il encore, convaincu par ma propre experience que chacun a des graces interieures, aufquelles il réfifte fort fouvent, & je tiens pour fûr qu'il n'y a aucun de tous les Difputeurs les plus outrez dans cette querelle, qui n'aye au moins quelquefois des infpirations dans l'ame & des touches au fond du cœur de laiffer ces contentions inutiles & de chercher la paix, aufquelles il eſt évident qu'il réſiſte, puis qu'on ne veut point ceſſer de s'entre-battre.

Après ces déclarations ſolennelles & publiques, auſquelles je ſuis ſûr que tous les Janſeniſtes ſouſcriront auſſi volontiers que les autres, n'en ayant jamais ouï, qui les mît en diſpute, que peut-on demander à un Chrétien de plus, & tout le reſte n'eſt-ce pas une matiere à exercer les eſprits dans les Colleges de Théologie, où l'on en peut diſputer, mais on le doit faire, ce me ſemble, ſans pouſſer les choſes avec autant de paſſion & d'acharnement que l'on fait aujourd'hui? Ne ſcandaliſe-t-on point par cet entêtement les ames ſimples, & la conſcience de ceux qui ne ſont pas aſſez robuſtes, & vigoureux dans la foi? Et en voulant étendre & magnifier le fruit de la paſſion de Jeſus Chriſt, ne l'amoindrit-on point en entraînant ces ames innocentes dans les partis & dans les factions, où l'on ne reſpire que rage plûtôt que zele, & où l'on employe tout pour s'entre-détruire, & quant à l'ame, & quant au corps? *Peribit infirmus in ſcientia tua frater. Quòd ſi invicem mordetis, videte ne ab invicem conſumamini.*

Y a-t-il de deux ſortes de foi dans le monde, une pour les ſavans, & une pour les idiots? Et si ce que je viens d'énoncer touchant les matieres en dispute suffit pour un homme simple & incapable d'entrer dans les subtilitez du College, pourquoi fait-on un crime à un Savant, qui croit comme lui, & qui proteste sincerement de le croire, & considére le reste comme des disputes de choses, incapables d'altérer ce premier & nécessaire fondement de la foi? Où ira-t-on, si on pousse avant cet esprit de dispute, & si on entreprend de faire des articles de foi, par exemple du comment le corps de Jesus Christ est réellement dans l'Eucharistie, de la maniere dont les Saints voyent Dieu dans le Ciel, & le feu tourmente les ames dans l'Enfer, & de mille autres choses, qui nous sont incompréhensibles, & que nous devons croire, sans vouloir critiquer & éplucher comme elles sont? Si, dis-je, on entreprend d'accommoder nôtre foi aux opinions des Théologiens, qui prendront la lance pour les faire triompher, & pour faire déclarer héretiques tous ceux qui ne penseront pas comme eux?

On met en doute, dit-on, le prix du sang de Jesus Christ, & on veut qu'il ne soit mort que pour un petit nombre d'Elûs, quelle horreur? Hé bon Dieu! qui doute du prix du sang de Jesus Christ? Et qui est-ce qui met en dispute que la moindre de toutes les humiliations de cet Homme. Dieu ne vaille pour le rachat de mille mondes? Mais cela fait-il que tous les hommes foient effectivement fauvez, & à force de crier pour l'univerfalité de la Redemption met-on en Paradis aucun de ceux, qui par un jugement infcrutable de Dieu, que nous devons adorer, font exclus du fruit de cette redemption, & qui fe trouvent très-juftement (pour quelque caufe que ce foit) confinez dans les Enfers, ou courans à ce précipice? Dieu donc ne donne pas à tous les hommes, dit-on encore, des graces fuffifantes pour fe fauver, quel fujet de défefpoir, pour tant de perfonnes qui fe croiront abandonnées! Dieu donne donc à tous, en tout temps, & après quelque nombre de crimes qu'ils ayent commis, des graces, qu'ils peuvent toûjours par les forces de leur libre arbitre rendre efficaces, & fe fauver: quel fujet, dirai-je, de confiance, de préfomption, & d'abandon toûjours plus grand, aux plus fcélerats, qui fe flateront de trouver cette affûrance de falut fous leur chevet à la fin de la vie la plus criminelle! Ne faut-il donc pas prêcher la miféricorde de Dieu? Ne faut-il donc pas faire craindre fa juftice? *Deus cujus vult miferetur, & quem vult indurat.* Faut-il endormir le monde dans une fecurité, qui pour un fauvé peut faire mille perdus? Et

ne

ne lui faut-il pas dire que Dieu après avoir été souvent méprisé, méprise à son tour, & que l'abus des graces en tarit la source, selon cette menace, *Ego vocavi & renuisti, ego autem in interitu tuo ridebo & subsannabo?* On désespere le monde par cette doctrine. Quel sujet de desespoir pour un Chrétien, qui se sait racheté du sang de Jesus Christ, qui se voit dans le sein de son Eglise, & assisté de tous les moyens de faire son salut? Travaillons y seulement sans tant disputer, mais avec crainte & tremblement, *Cum timore & tremore salutem vestram operamini.* Donc tous les Payens sont dannez? Quel interêt avez-vous à savoir la conduite que Dieu tient avec eux, & qui vous a donné le droit de prétendre qu'il vous rende conte de ses jugemens? Il vous a fait la grace de vous mettre dans le bercail de son Eglise. *Non fecit taliter omni nationi.* Soyez-en reconnoissant, adorez en silence la profondeur de ses jugemens, & dites quand quelque difficulté vous étonnera, *O altitudo divitiarum sapientiæ & scientiæ Dei: Incomprehensibilia sunt judicia ejus, & investigabiles viæ illius!* Que ses jugemens sont incomprehensibles, & que c'est une témerité insupportable de les vouloir approfondir.

Mais je croi d'être tombé sans y penser sur le point capital de toutes les disputes en parlant de la Grace. Ne seroit-ce point

qu'en

qu'en magnifiant l'univerſalité du fruit de la Redemption de Jeſus Chriſt, on veut établir qu'il a obtenu par ſa mort des graces veritablement ſuffiſantes avec la cooperation du libre arbitre, pour que chacun, & les plus barbares mêmes ſe puiſſent ſauver; de ſorte que de ce côté-là il n'y a aucune difference entre le Chrétien & le Payen, entre le dévot & le plus ſcélerat de tous les hommes? Il y a au moins des gens qui croyent d'entrevoir que toutes les diſputes vont aboutir là, & que la Grace efficace par elle-même eſt le grand nœud de la difficulté, qu'on voudroit trancher, ne le pouvant diſſoudre, & l'accommoder au ſyſtéme nouveau, qu'on ſouhaite d'introduire dans toutes les Ecoles. Il faut avouër cependant que toute la Théologie a raiſonné juſqu'à un certain temps ſur ce principe; contre lequel bien loin qu'on ſe récriât, quelques fondateurs des Ordres Religieux ont fait une obligation à leurs ſectateurs de ne s'en départir jamais. Un autre ſyſtéme a paru avec le temps plus plauſible à quelques-uns. Ils l'ont embraſſé. On s'eſt récrié, on a diſputé contre, ils l'ont ſoûtenu, & on leur a permis de le ſoûtenir. N'eſt-il point fâcheux de voir ces Meſſieurs inſulter maintenant aux autres, & non contens de triompher chez eux, de les vouloir débouter de leur ancienne poſſeſſion, ſous prétexte

texte qu'ils n'entendent pas les choſes qu'ils ont enſeignées pendant tant de ſiécles? Leur droit eſt au moins douteux, & vouloir s'établir dans la maiſon d'autrui ſous couleur que celui, qui en a jouï de temps immemorial, n'a rien compris dans le teſtament de ſes Ayeux, qui la lui ont laiſſée, eſt une choſe plus difficile à perſuader qu'on ne penſe, même aux eſprits les moins pénétrans.

Ces derniers ſiécles, dit-on, ſont plus éclairez que les paſſez, & on revient tous les jours de mille choſes, dont on étoit autrefois prévenu. Mais ces nouvelles découvertes nous ont-elles rendus plus ſages; & l'habileté de pouvoir, à force de ſubtiliſer, rendre toutes choſes plauſibles, nous a-t-elle fait plus hommes de bien & plus religieux? N'eſt ce point de nôtre temps, plus que de tout autre, qu'on a raiſon de dire, *Qui addit ſcientiam, addit & dolorem:* que les eſprits à la verité ſont devenus plus ſubtils, mais qu'ils ont auſſi fait de plus grandes playes à la charité & à la Religion Chrétienne?

Je ne veux pas aller ſi loin, ni remonter ſi haut que ceux qui ſe plaignent qu'on a vû remuer les cendres d'un mort, pour y chercher au gré d'un ennemi également vindicatif & puiſſant de quoi le faire paſſer pour un monſtre, à qui il n'a manqué que

K 4

le

le temps pour renverfer l'Eglife, & que malgré toutes les proteftations qu'il a laiffées dans fes écrits, & qu'il a renouvellées en mourant de fe foûmettre à la cenfure & à la correction de cette même Eglife, on en a fait un hérétique, du nom duquel on fait encore aujourdhui l'horreur des peuples: qu'on a expofé par des invectives & des peintures fatiriques fa dignité & fa perfonne aux railleries & à l'execration de ceux, qui ignorant le fait, fans autre connoiffance de caufe ont fuivi les premiers, & ont crié à l'Héréfiarque, déclaré tel fur l'expofé d'une doctrine, fi l'on veut, hérétique, mais que de fort habiles gens, amis du nom, & de la dignité d'un Evêque Catholique, mort dans la Communion de l'Eglife, s'efforcent tous les jours par un zele Chrétien de montrer qu'elle ne fut jamais la fienne.

Je ne veux pas dire que des gens qui ont crû leurs particulieres opinions attaquées dans les livres de Janfenius, fe font joints à la troupe des perfecuteurs à gages, & ont employé tous les efforts & les artifices de la cabale la plus fine pour pouffer le décri, & à faire valoir la condannation: qu'on a employé des moyens inconnus à tous les fiécles de forcer à foufcrire des formulaires de condannation jufqu'aux filles refferrées dans le fond des Cloîtres, les contrai-

gnant

gnant avec les traitemens les plus rigoureux de jurer qu'un homme qu'elles n'ont
jamais connu en aucune maniere, & beaucoup moins lû ses livres, a été heretique,
& a voulu enseigner l'héresie : & que pendant l'espace de plus de 40. ans on a crié
à s'enrouër, & qu'on s'est battu dans une
querelle, dont la poursuite a été le scandale du monde Chrétien, & Dieu veuille
qu'elle ne soit pas encore la dannation d'u-
ne partie de ceux, qui s'y sont engagez
avec si peu d'apparence d'un veritable zele
& d'une charité Chrétienne.

Mais sans remonter si haut ni aller jusques à la source, n'a-t-on point quelque
sujet de s'affliger aujourd'hui, en voyant
qu'après que tous ces bruits furent appaisez
par l'autorité d'un grand Roi, qui ennuyé
de tant de disputes, & reconnoissant qu'en
effet toutes les condannations, tous les
bannissemens, & toutes les persecutions,
dans lesquelles on l'avoit engagé, n'abou-
tissoient à rien contre des gens, qui se
tuoient de protester qu'ils ne s'éloignoient
en aucune maniere de la soûmission dûë au
S. Siége, & qu'ils ne défendoient que
l'honneur d'un Prélat, & les interêts de
l'ancienne doctrine, avoit enfin mis le
hola par l'interposition du silence à toutes
les disputes, on soit venu renouveller la
guerre dans ces Provinces, où les choses

K 5   étoient

étoient en repos & en paix, & qu'on y crie l'alarme comme dans le dernier & imminent peril de toute la Religion Chrétienne?

Toute la Hollande, dit-on, est pleine de Janseniftes, & l'on veut qu'on se taise? Je dis toute l'Europe, & tout le monde Chrétien; car tant qu'on voudra les chercher, comme il semble qu'on les cherche ici, on fera comme les Chymiftes, qui entêtez de leur art le trouvent par tout, & lisent dans les livres mêmes de l'Ecriture Sainte les regles de le pratiquer, selon lesquelles, entenduës à leur façon, ils se promettent d'enrichir tout le monde. On trouvera par tout des héretiqnes, si c'est être héretique que de croire que Jesus Chrift n'est pas mort efficacement, c'est à dire n'a pas appliqué le prix de son sang adorable pour le salut effectif de tous les hommes; & qu'il y a quelque sens dans lequel Dieu ne veut pas (quoi que par une très-jufte difpofition) d'une volonté abfoluë & efficace le falut de tous les hommes. Il peut y avoir de la dureté & de l'obftination à foûtenir & faire valoir ce sens Catholique par des expreffions choquantes & odieufes, mais de l'erreur; je ne fai fi on le peut dire, puis que dans le fond de la difpute il est évident que les uns & les autres conviennent également de cette verité.   C'eft

C'eſt un terrible zele que celui de vouloir par force qu'il y ait des héretiques. Ne
feroit-on pas mieux au contraire d'adoucir les choſes, & d'ôter à la multitude la
connoiſſance des diviſions entre ſes Paſteurs,
quand même elles auroient un fondement
légitime en des matieres ſpéculatives, &
où elle n'a aucun interêt d'être mêlée? On
ſe donne des mouvemens continuels: on
s'obſerve avec des yeux de lynx, & ſi par
hazard quelqu'un ſans y penſer, ou ſouf-
frant avec chagrin qu'on le querelle ſur
ſa foi, laiſſe échapper quelque parole
ambiguë, & donne ainſi occaſion à la chi-
cane, on ſonne l'alarme auſſi-tôt, & la
campagne & la Ville ſont couvertes de
bataillons d'émiſſaires, qui avec des cla-
meurs publiques, & des procès fabriquez
en ſecret ſur les dépoſitions de témoins inconnus & myſterieux, renouvellent toutes
les brouïlleries. Où eſt cet eſprit de charité & de douceur, avec lequel S. Paul veut
qu'on inſtruiſe les errans, quand on les
reconnoît, ou les croit tels?

Je veux diſſimuler le mal, direz-vous,
& le laiſſer regner, quand on vient de le
déclarer réel & effectif par la condannation ſuivie ces jours paſſez à Rome. Qui
a-t-on donc déclaré héretique? On peut
pour plus d'une raiſon priver un homme
de ſon emploi, quand ce ne ſeroit que pour
cher-

chercher la paix par cette voye; quand le malheur des temps est assez grand pour faire craindre que sans ce sacrifice aux ennemis de la paix on ne puisse l'obtenir, & sans la submersion de ce Jonas on ne puisse appaiser la tempête. J'acquiesce, & je conseille à tout le monde d'acquiescer à la Sentence qu'on vient de rendre. Mais je vous avoüe que je ne sai que répondre à ceux qui se plaignent qu'ils voyent un homme, & un Evêque condanné sans qu'on dise pourquoi. Car enfin ses réponses ne sont point déclarées hérétiques, ni même témeraires, mais seulement singulieres, suspectes, & tendantes à renouveller dans les esprits le souvenir ou le penchant vers des opinions condannées. *Quousque animam nostram tollis?* disent-ils. Qu'on nous dise donc quelle est cette foi de l'Eglise qu'il faut suivre, non plus par abjuration de Jansenisme, mais par profession d'articles exprès, clairs, & décisifs: ce qu'il semble qu'on ne fait pas, & qu'on laisse en suspens des gens, qui cherchent à être instruits sur des doctrines, lesquelles ne leur paroissent pas déclarées avec précision.

Le Souverain Juge, leur dis-je, n'est tenu de rendre aucun conte de ses Sentences à personne. Mais si ses Sentences, me repliquent-ils, ne taillent pas le cours aux disputes, & que nous soyions ici dans un

païs

païs où les ennemis de nôtre Religion tirent avantage contr'elle de ses irrésolu-
tions, & de ses ambiguitez, ne seroit-il
pas à souhaiter qu'on vît un jugement clair,
& qu'on marquât parmi un grand nombre
de propositions réponduës celles dont les
réponses sont erronées, & sur lesquelles
tombe la condannation?

Voulez-vous, Monsieur, que je vous
dise ma pensée particuliere sur toute cette
affaire. Je crains, & il me semble avoir
sujet de craindre, que tant que la Mission
sera composée, comme elle est de Jésuites,
& de Jansenistes, de Réguliers & de Prêtres, il y aura toûjours de la guerre. Le
pouvoir des premiers est grand à Rome,
vous savez jusques à quel point & par quels
moyens. Les occasions de critiquer ne leur
manqueront jamais. Il y aura toûjours des
plaintes, & j'ai grand peur que ces plaintes si on veut suivre cette route, ne soient
toûjours suivies, tout au moins, de déclarations semblables à celle que nous venons
d'ouir, qu'on n'a pas satisfait, & qu'ainsi
on ne vienne toûjours à de nouveaux changemens, & par conséquent qu'on ne voye
jamais de repos dans cette pauvre Chré-
tienté. Je prie Dieu qu'il veuille bien nous
donner la paix lui-même par des voyes que
je ne prévois pas.

Voici une longue lettre, dites-vous, où
je

je fais plus l'Avocat que l'Hiſtorien, &
où il ſemble que j'ai pris le parti des Janſeniſtes contre les Jeſuites. Rien moins que
cela, comme je vous ai déja dit, mais je
ſouhaite la paix, & il me ſemble qu'il y a
des gens qui ne la cherchent, ni ne la veulent pas. Je m'imagine que vous m'écrirez
de grandes exceptions contre ce que j'ai
avancé dans la mienne. Je les attens pour
y répondre avec mon ingénuité ordinaire,
& pour vous dire beaucoup d'autres choſes qui regardent les Miſſionaires de ces
Provinces, & que vous ne ſerez pas fâché
de ſavoir, par rapport aux coûtumes d'I-
talie bien differentes de celles-ci. Pour le
préſent je reſte après vous avoir embraſſé,

MONSIEUR,

De la Haye . . . .

Vôtre très-humble.

XIII. LET-

XIII. LETTRE.

Sur le même sujet.

Monsieur,

JE vous avois prévenu moi-même dans ma derniere touchant le sentiment que vous auriez de moi, parce que j'avois bien prévû que vous prendriez pour partialité ce que je vous ai écrit touchant les querelles qui divisent nos Catholiques en ce païs. J'ose pourtant vous assûrer que je n'ai pas le moindre penchant pour un parti plûtôt que pour l'autre, & que ce que je vous ai écrit est ce que je croi devant Dieu être la verité , soit que je sois effectivement trompé, on que peut-être vous-même le soyiez dans le jugement que vous avez fait de ma relation. Vous ne disconvenez pas, dites-vous, que je n'aye rapporté fidélement ce qu'on dit contre les Janseniftes ; mais vous croyez qu'ensuite je les ai un peu trop épargnez, eu égard au bruit que leur cause fait dans le monde, qui semble persuadé à leur désavantage. Vous voulez bien que je vous di-

dise que le grand nombre n'est pas toûjours une marque bien sûre de la justice d'une cause, particulierement quand on met autant de soin à la décrier, qu'en mettent visiblement les adversaires des Jansenistes. Autrement le *prævaluit iniquitas multorum* seroit une verité de l'Ecriture qui ne seroit vraye en aucune rencontre, n'étant que trop certain que le bon droit & l'innocence sont plus souvent opprimez qu'il ne faudroit, comme il le fut dans la cause de Jesus Christ même, qui dans les formes Judiciaires fut déclaré coupable, & digne de mort.

Je ne prétens nullement faire une comparaison de la cause de Jesus Christ à celle des Jansenistes. Au pied de la lettre la justice seroit du côté de celle qui porte le nom de Jesus, comme elle l'étoit alors, si elle avoit le bonheur d'être persecutée: mais par malheur c'est le parti de Jesus ou des Jesuites qui sollicite la condannation, & qui fait gloire de l'avoir obtenuë. Je dis ceci à l'occasion d'un sermon qu'on dit avoir été prêché à la Haye par un Pasteur, ou Prêtre Janseniste, qui compara hardiment la cause de Monseigneur de Sebaste à celle de Jesus Christ, dont S. Luc dit que les Prêtres & les Pontifes, *stabant constanter accusantes eum,* & que par l'assiduité & l'importunité de leurs accusations, ils obtinrent enfin qu'il fût condanné. Une comparaison aussi hardie ne
pouvoit

pouvoit pas manquer d'être relevée : auſſi le
fut-elle terriblement, & il n'a p.s tenu à ſes
ennemis que ce Prédicateur n'ait été jugé,
comme s'il avoit fait du Pape un Pilate, de
l'Archevêque, la ſainteté même, & de
ſes accuſateurs, des Juifs les plus injuſtes &
les plus acharnez. Voilà où les choſes vont
aboutir quand on les porte ſi loin, & ſi Dieu
n'y met la main, de la maniere dont je vois
les Hollandois bâtis, je croi avoir ſujet de
craindre qu'ils ne ſe portent aux dernieres
extrémitez ſi on ne les ménage un peu plus.

Mais il faut répondre à vos difficultez & à
vos exceptions. Vous ne trouvez pas bon
que j'aye donné le nom de Jeſuites à tous
ceux qui ſont oppoſez aux Janſeniſtes, comme s'il n'y avoit qu'eux qui fiſſent du bruit
dans la cauſe, & qu'ils ne fuſſent pas unis
avec tous les autres Réguliers & Prêtres,
que j'ai dit moi-même être & former leur
parti. Je répons à ceci que vous êtes aſſez
informé des affaires du monde pour ſavoir les
manieres, dont les choſes ſe paſſent en beaucoup d'occaſions, & que les noms ne répondent pas toûjours exactement aux choſes
mêmes. Vous ſavez auſſi qu'on appelle un
parti du nom des principaux, qui ſont à ſa
tête, & qui le font agir, & qu'il n'y a point
d'injuſtice d'attribuer les mouvemens à ceux
qui en ſont les auteurs. Il y a de plus dans la
conjoncture préſente. Non ſeulement on

ne craint point d'offenfer les Jefuites en les
mettant à la tête des Anti-Janfeniftes, mais
on croit qu'ils feroient fort fâchez qu'on ne
les crût pas les premiers mobiles & les plus
ardens promoteurs de la perfecution, qu'on
fait à ceux-ci, puifque ce zele, à leur gré,
leur acquiert un merite ineftimable dans
l'Eglife, & fait fonner bien haut la pureté
& l'integrité de la foi, du foûtien de laquelle ils tirent à eux par ce moyen la principale gloire. On pourroit dire à cela que la
chofe n'étant pas évidemment claire, puis
que leurs adverfaires ne reconnoiffent nullement d'être héretiques, & qu'ils prétendent que le fujet de la difpute n'eft qu'un
mal entendu entre les parties, ils ne peûvent
tout au plus paffer que pour chefs de parti : mais ceci même eft ce qui les fait triompher avec plus de confiance, & admirer leur
adreffe ; car commençant par la fin, & fup-
pofant avant toutes les preuves que les Janfeniftes font des héretiques & des plus méchans, l'oppofition qu'ils leur font leur
paroît toute jufte & toute glorieufe, &
quand le procès devroit durer jufques au
jour du Jugement, ils fe font mis en poffeffion du droit de chanter victoire dès les premieres accufations, qu'ils ont intentées.

Vous doutez, dites-vous, qu'il y ait un
tiers parti d'indifferens, & que les plus honêtes gens foient ceux qui le compofent. Et
quel-

quelle raison avez-vous d'en douter ? N'est-
ce pas un bon conseil de fuïr le bruit , &
beaucoup plus celui , qui embaraße , &
peut cauſer des inconveniens & quant à
l'ame & quant aux corps? Il n'eſt ici nullement queſtion de foi , ou tout au plus
d'articles ſpéculatifs qu'on dit conduire à
l'erreur, au moins le Pape le décide ainſi
dans ſa Sentence. Ceux qui contens de leur
Credo ne veulent point de diſputes , & refuſent pour cela d'entrer dans la querelle,
ne ſont-ils pas plus ſages, que ceux qui ſe
privent de leur repos pour le plaiſir de diſputer? Quand je dis qu'il ne s'agit point
ici de la foi , je n'entens pas qu'il n'y puiſſe
avoir mille choſes qui regardent la foi de
l'Egliſe dans l'amas des matieres, ſur leſquelles on diſpute dans cette querelle. Mais
comme *neſciebam quid eſſet concupiſcentia , niſi
lex diceret non concupiſces* , de même en s'abſ-
tenant de marcher on éloigne les occaſions
de faire de mauvais pas, & en ſe taiſant, on
ſe diſpenſe ſouvent de dire des ſotiſes. Vous
étes en Italie, où l'on n'ouït jamais parler de
Janſeniſme : croyez-vous que ſi les Jeſuites
y avoient autant de pouvoir qu'ils en ont eu
autrefois en France , & qu'ils en ont encore auprès d'un certain Prélat des Païs-Bas,
il n'y auroit pas des Janſeniſtes ? Pour moi
je croi qu'on en trouveroit à milliers , & que
leur zele y auroit autant d'affaires qu'il

en ait jamais eu nulle part. D'où vient donc qu'il n'y a point de Janseniſtes en Italie? C'eſt qu'on n'y parle point de Janſeniſme, & que ceux qui n'en veulent point ouïr parler en ce païs-ci, ne ſont pas plus Janſeniſtes ou Jeſuites que vous. Je dois cependant vous dire que j'ai appris depuis ma derniere lettre, qu'on en vouloit faire par force, & que l'on avoit commencé à moleſter certains Paſteurs, qui vouloient être neutres, & prier Dieu en ſecret, & à l'écart pour la paix, ſans ſe déclarer du parti des Jeſuites. Pour peu que cette conduite ait de tolerance, & de ſuccès, ce va être une néceſſité de devenir ou Jeſuite ou Janſeniſte, & Dieu veuille que ce ne ſoit pas une néceſſité ſemblable à celle des Italiens dans la derniere guerre par rapport aux interêts des Couronnes, qui, comme vous ſavez, ſe plaignoient de ce qu'ils ne pouvoient être d'un parti avec honneur ni de l'autre avec conſcience.

Votre réfléxion ſur l'héreſie, qu'on impute à la multitude & au peuple gouverné par les Janſeniſtes, parce ſeulement qu'ils aſſiſtent à leurs Meſſes & reçoivent d'eux les Sacremens, eſt plus raiſonable que vôtre doute précedent. Vous témoignez d'entrer comme moi dans les ſentimens d'une pitié legitime de ces pauvres gens, qu'on charge ſans raiſon du nom abominable

ble d'héretiques, quoi qu'ils n'ayent & ne puissent avoir aucune part dans une héresie, dont ils n'ont pas même la connoissarce. Un homme qui seroit d'humeur à raisonner avec la méthode, & les principes des Casuistes modernes diroit qu'il y a beaucoup moins de raison d'appeller un homme héretique, parce qu'il a des liaisons, hors de la doctrine erronée, avec un héretique, que de rendre complice d'adultere un homme qui tient l'échele à un autre, qui va commettre ce peché dans une maison étrangere. *Atqui* & cependant il y a des Casuistes qui absolvent de coulpe, & de peine certains cooperateurs à cette escalade, donc à plus forte raison doit-on absoudre les premiers, qui n'ont d'autre part à la faute de leur Pasteur, s'il y en a, que de continuer à vivre avec eux, & sous eux, tant que le Pape ne les aura point privez de leur Ministere. Car enfin c'est ici un grand point de la difficulté. Si ces Pasteurs ne sont ni condannez ni suspendus, pourquoi vouloir les rendre odieux, & prévenir par ces écarts, & par ces décris un jugement qui doit venir du S. Siége ? Le Pape les condanneroit, me dit un jour un bon Jesuite du Mont Carmel, s'il n'avoit peur de faire trop de bruit, & d'irriter Messieurs les Etats, qui prennent la protection des Jansenistes. C'est ce me sem-

L 3

ble

ble faire peu d'honneur à la liberté Apoſ-
tolique du Souverain Pontife, que de le
croire retenu à faire ſon devoir par des
reſpects humains, après l'exemple du Sauveur, qu'aucun danger ne retint jamais
de remplir toutes les fonctions de ſon divin Miniſtere. En tout cas le ſilence du
Pape eſt une excuſe ſuffiſante, pour ne pas
ſuivre les avis foudroyans de ces zelez, qui
voudroient toûjours avoir en main les fou-
dres pour briſer tout ce qui ne les veut pas
ſuivre dans leurs tranſports. Et tant qu'on
n'aura point de commandement exprès d'a-
bandonner ces Paſteurs on ne commettra
aucune déſobéïſſance à les ſuivre, & à vivre avec eux. C'eſt cependant contre quoi
ſe roidiſſent leurs adverſaires, qui par leurs
déclamations continuelles, & dans leurs
diſcours particuliers ne ceſſent point d'apeller & les Paſteurs & leurs troupeaux hérétiques tout outre ſans adouciſſement ni
reſtriction. Cela eſt-il conforme, ainſi que
je vous écrivois, à la juſtice, & à la charité Chrétienne ? Et ces démarches ne reſ-
ſentent-elles point un peu la faction ? Il
eſt viſible, qu'on va au delà des intentions,
ou au moins des expreſſions du Pape, leſquelles ſelon l'Axiome du Droit *in odioſis*,
ne devroient point être portées au dela de
ce qu'elles expriment.

Vous avez, dites-vous, de la peine à
croi-

croire les excès de la fureur, plus que du
zele, qui anime les Anti Janseniftes contre
leurs adverfaires dont ils voudroient, comme je vous écrivis, être les bourreaux, pour
avoir le plaifir de les étrangler de leurs propres mains. Je vous ai écrit ce que j'ai ouï
de mes oreilles, & pour vous en donner
de nouvelles preuves encore plus fortes,
j'ajoûte aujourd'hui ce que j'ai appris depuis
de perfonnes dignes de foi, qu'entre ces
zelez il y en a eu, qui pour affouvir en
quelque maniere leur paffion, font allez
fous feinte de Confeffion attaquer quelques-
uns des Prêtres appellez Janfeniftes, dans
le Tribunal même de la Pénitence, & pour
une bonne œuvre digne de ce faint lieu,
leur ont fait les plus infolens & les plus
offenfans reproches, les batifant d'héretiques, de traîtres, d'Apoftats, de Miniftres
de Satan, & dignes de toutes les peines de
ce monde ici, & de l'autre, le tout apparemment fur la foi & pour le conte de ceux,
qui les avoient mis dans ces charitables difpofitions. Que dites-vous, Monfieur., &
n'êtes-vous pas bien édifié de cette maniere de convertir les Héretiques, & de les ramener au bon chemin? Et que penfez-vous
d'un Pafteur, qui entend tous ces outra-
ges, & garde le filence? Cela n'eft peut-
être pas vrai, me direz-vous, & peut-être
y a-t-il encore moins de verité dans les dé-

L 4

pofitions de ceux, qu'on a obligez de témoigner dans toute cette affaire, & il y a
bien du fujet de le croire, fi, comme bien
des gens de probité & d'honneur l'affû-
rent, on a employé certains Prêtres étrangers, & paffevolans à gages pour aller aux
Sermons des Janfeniftes, & pour leur faire
dépofer enfuite qu'ils ont ouï ceci & cela: au moins le P. C. eft accufé par cette
voix d'avoir mis en œuvre & en action cette
forte d'émiffaires, & d'avoir groffi le procès
de certaines dépofitions, que desames qu'on
ne foupçonne pas d'une tropgrande picté, lui
ont donné pour fon argent, & pour les autres fecours qu'ils en recevoient.

Mais quand tout ce qu'on dit ne feroit
pas entierement vrai (car je veux bien croire qu'il y a fouvent de la paffion, qu'on
prend pour zele, & que la recrimination
vient quelquefois plûtôt qu'on ne veut, au
fecours de l'innocence la plus pure) au
moins eft-il fûr qu'on a pris dans cette affaire pour preuves des dépofitions de gens
qui ne font nullement connus aux Juges,
qui ont porté la fentence, & qu'on a fur
la bonne foi d'un parti condanné l'autre.
Cette procedure, & ce mélange de tous
les griefs & les accufations, fur la foi defquelles on forme une feule Sentence, qui
condanne tout en général, fans rien fpéci-
fier, eft une chofe qui trouve de la peine

a paſſer en approbation, & en acquieſcement dans l'eſprit des condannez. Tout
eſt-il également prouvé: tout eſt-il également digne de la même flétriſſure, & eſt-
on héretique pour le ſujet de chaque plain-
te en particulier qu'on a formée contre les
Janſeniſtes, ou prétendus tels? Il ſemble
à bien des gens qu'ils ont droit de demander qu'on diſtingue, & les crimes, & les
peines, & qu'on ſpécifie en particulier ce
que l'on condanne comme héreſie, ou
comme déſobéïſſance, & ce qui pourroit
n'être qu'une diſpoſition ou une apparence
de l'une & de l'autre. La diſtinction entre
lepre & lepre eſt de droit divin, comme
il me ſemble que je l'avois dit, & ce n'eſt
pas beaucoup tranquilliſer les conſciences
que de dire à des gens, qu'ils ſont Réprouvez dans tout ce qu'ils penſent, & qu'ils
diſent, ou plûtôt dans tout ce qu'on veut
qu'ils penſent, & qu'ils diſent, ſans leur
faire connoître la qualité des accuſations
dont on les charge. Mais en voilà trop, dans
une affaire qui ne regarde ni vous ni moi.

Les choſes dont je charge moi-même les
Janſeniſtes, me direz vous, ne ſont pas
des fautes ſi légeres, qu'on ne puiſſe les
condanner là-deſſus, & les traiter avec une
rigueur proportionnée au danger que courent la foi, & la diſcipline de l'Egliſe,
qu'ils altérent. Encore une fois qu'on ſpé-

L 5   cifie

cifie ce qu'on condanne, & les condannez reconnoîtront la justice de la Sentence: Mais outre cela est-il juste d'envelopper tout le monde sans distinction dans une même condannation, si tous ne sont pas également coupables? Les griefs dont je vous ai écrit qu'on chargeoit les Jansenistes ne regardent, chacun en particulier, que quelques Pasteurs en particulier. Les égaler tous dans la Sentence c'est s'exposer à punir des innocens pour les crimes des coupables, & donner un sujet à des plaintes, que bien des gens trouveront justes. Cette obscurité dans laquelle il semble qu'on affecte de tenir les choses & de crier au mal sans spécifier la maladie, est une conduite un peu suspecte : & je suis bien trompé, ou le remede n'aura pas beaucoup de vertu, tandis qu'on l'appliquera ainsi. Outre cela cette vague condannation fait qu'on détourne les peuples de reconnoître, & de recevoir les Sacremens, & même entendre la Messe, non pas de l'Evêque de Sebaste, qui a été condanné, mais de tous les Prêtres, qu'il plaît aux Jesuites de faire passer pour Jansenistes, & non seulement ceux-ci sont considérez par eux comme des Reprouvez, mais tous ceux sans exception qui fréquentent leurs Eglises, jusques aux étrangers, qui ne connoissant ni les uns ni les autres entrent par hazard dans la pre-

miere

miere Eglise, qu'ils trouvent ouverte, &
qu'on ne manque point d'apeller fauteurs
& adhérens des héretiques. J'ai quelque
peine à me persuader que vous soyiez pour
canoniser cette conduite, qui n'est nullement celle de Rome, puis que Rome n'a
parlé jusqu'à présent que de l'Evêque.
Mais vous direz sans doute que vous avez de
la peine à croire que la chose soit ainsi parce
qu'elle vous paroît peu Chrétienne. Vous
auriez raison si c'étoit la premiere fois qu'on
entendit se plaindre de certaines gens, qui
veulent regler tout le monde, mais étant
informé, comme vous étes, qu'ils ne peuvent vivre en paix avec personne en aucune Mission, & qu'ils veulent tout gouverner à leur guise, (de quoi la Relation des
Missions, que le bon Pape Innocent XI.
voulut que Monseigneur Cerri alors Sé-
cretaire de Propaganda Fide lui composât,
fait une foi bien ample & circonstantiée,)
vous reconnoîtrez que vous auriez au contraire un sujet raisonnable d'en douter si
on vous disoit qu'ils vivent bien ici, avec
quatre Prêtres, qu'ils ont occasion de considérer pour rien dans cette Mission si com-
mode, où ils ont attiré toutes les personnes de qualité & de distinction, dans leurs
interêts par les voyes insinuantes, dont ils
savent si bien se servir pour gagner les esprits, qui ne veulent-point s'embaraßer de

tant

tant d'éclaircissemens, & qui sont disposez
à les en croire sur leur parole.

N'allez montrer ce que je vous écris ici
à personne, car comme tout le monde,
qui ne peut, ou ne veut rien approfondir,
est du côté des jesuites, ils ne manque-
roient pas de venir à savoir que je n'ai pas
pour eux toute la véneration qu'ils exigent
de tout Chrétien, peut être aussi nécessairement que l'article de foi le plus important, pour être sauvé : & ainsi devenu héretique des plus dangereux, je ne man-
querois pas d'être exposé à leur persecution. Car vous savez de même que comme ils se supposent être la partie la plus
saine, & la plus vivifiante du corps de l'E-
glise, ils s'attribuent aussi un droit, & es-
pérent apparemment d'obtenir de grandes
recompenses de Dieu, en s'oppofant &
détruisant tout ce qui ne leur est pas soûmis, comme s'il n'étoit pas soûmis à Dieu
même, quoi que celui-ci ayant pêtri tous
les hommes d'une pâte susceptible de corruption ait chargé chacun du salut de son
prochain, & lui ait donné droit de l'avertir
de ses désordres dans l'occasion, quelque
usage que le repris soit disposé d'en faire.

Mais laissons-là les Jesuites : aussi-bien
nos empressemens pourroient-ils en retirer
moins de profit que la perte. Vous entendez raison, me dites-vous, sur les explications

cations que je vous ai données des fentimens des Janfeniftes fur les queftions en contro-verfe, pourvû qu'ils parlent commeje les fais parler. Et fi on en doute pourquoi ne les oblige-t-on pas de s'expliquer nettement fur des propofitions déterminées, & pourquoi (je reviens toûjours à l'Evêque de Sebafte) fi celui-ci s'eft exprimé avec pré-cifion, pourquoi ne lui a-t-on point mon-tré fes erreurs particulieres, & donné les moyens de les abjurer, pour lui épargner la confufion dont on le charge en le dépofant, & le laiffant expofé aux jugemens divers, dont plufieurs peuvent le fuppofer & con-vaincu & obftiné dans fes fentimens hé-retiques? On prit des propofitions parti-culieres, il y a fi peu de temps dans les écrits de Monfeigneur de Cambrai, on les examina, on les cenfura, & on les lui préfenta, & il en fit l'abjuration, avec toute la docilité du monde, & peut-être au grand regret de ceux, qui avoient ef-péré, qu'en s'obftinant à les défendre ils auroient lieu de continuer à le perfecuter. N'a-t-on point craint quelque chofe de femblable de l'Evêque de Sebafte? Il y a quelque fujet de le croire: au moins eft-il indubitable qu'on n'a voulu ni attendu aucune abjuration de lui, qui étoit fur les lieux, pour le condanner, & que même aujourd'hui on ne lui en demande aucune,

fes

ſes ennemis étant contens de le voir dépoſé, ſans s'embaraſſer aucunement du ſoin de ſon ame, qui reſtera ſans doute impénitente, puis qu'il proteſte d'avoir dit ſes veritables ſentimens dans ſes réponſes, & qu'on condanne ces réponſes en général ſans lui ſpécifier celles, qui ont mérité la cenſure, & que comme héretiques on a jugé mériter ſa dépoſition.

Je n'étois pas à Rome ni vous non plus quand la Sentence a été renduë. Mais s'il en faut croire le bruit qui court ici, les choſes ſe ſont paſſées d'une maniere dont aſſûrement les Jeſuites ne ſeroient pas contens, ſi on les avoit condannez de cette ſorte en quelque cauſe. Non ſeulement on n'a pas donné d'autres Juges à l'Evêque, qui avoit ſujet d'en reculer quelques uns, & qui effectivement les recuſoit, mais on dit que toute l'affaire a été à la diſpoſition d'un Prélat particulier, qui, s'il s'eſt montré diſpoſé à gagner les bonnes graces des Jeſuites en cette occaſion, & connu pour être dès long-temps hors de celles de tous les autres Réguliers, qu'il prend plaiſir de perſecuter en toute rencontre, peut-être pour ſe divertir du chagrin, qu'on dit qu'il a d'attendre ſi long-temps le Chapeau, qu'il croit avoir ſi bien merité. Au moins eſt-on ſûr que les Moines d'Italie le haïſſent autant qu'ils le craignent, & que quand on

parle

parle de le faire Secretaire des Evêques &
Réguliers, les plus modérez en parlent
comme d'un homme capable de tout gâter
par une certaine rigueur, qui est plûtôt
l'effet d'un tempérament aigre, que la
marque d'un zele raisonnable. Un homme
de cette trempe, qui devient ponent d'une
cause, c'est à dire qui en a l'entiere dif-
position par les vûës, sous lesquelles il la
présente aux Juges, quand il veut s'employer pour ou contre quelqu'un, on peut
facilement deviner quelle en sera l'issuë :
sur quoi on peut dire, après avoir fait
quelques experiences de cette nature, que
ces sortes de personnes sont encore moins
propres à être employées dans des causes
étrangeres, que dans celles du païs, car
privées d'une connoissance experimentale
des mœurs, & des façons des étrangers,
elles en jugent sur le plan de ceux, qu'elles
connoissent, & qu'elles voyent tous les
jours, sans bien prévoir les conséquences
qui en peuvent naître, ni l'effet que leur
jugement pourra avoir parmi des peuples
qui portent d'autres jugemens sur les affaires que ceux parmi lesquels il vit.

Je dis ceci ensuite de ce que j'éprouve
tous les jours depuis que je suis en ce païs.
Vous pouvez être sûr que le plus grand
scandale, que prennent les P. Réformez
est de l'autorité du Pape, qu'ils considé-
ren

rent comme le joug le plus tyrannique que l'on puisse souffrir. Ils supposent que le Pape mene tous ceux qui lui sont soûmis par où il lui plaît, qu'il leur propose, & les oblige à croire tout ce qu'il veut, & les choses mêmes les plus deraisonnables, dont le plus souvent il se coiffe, disent-ils, sur les relations que lui font des gens qu'il estime & qui sont dans ses bonnes graces : qu'il se prévaut de cet ascendant qu'il a dans l'Eglise pour maltraiter sans raison & pousser à bout ceux qui ont la moindre peine à se soûmettre à tous ses Décrets : qu'il condanne, & se laisse entraîner en des condannations injustes par les cabales, que forment dans sa Cour, & dans ses Tribunaux ceux qui ont le plus de crédit ou d'adresse, sans se mettre en peine des reclamations & des plaintes de ceux, qui sont ainsi condannez, qu'on traite ordinairement avec mépris comme des refractaires, dont la rebellion n'est pas capable d'ébranler les fondemens d'une toute-puissance, dont les flateurs font le caractere particulier de sa Dignité. Ce sont les idées que ces gens-ici se sont formé de la Cour de Rome, & de l'autorité du Pape, qu'ils ont dans une aversion implacable, & qu'on rend ce me semble, toûjours plus grande par des démarches semblables à celles-ci. Car que peuvent répondre les prétendus Jansenistes quand

on

on les infulte fur la condannation de la doctrine & de la vie d'un homme à qui on ne daigne pas faire connoître ni les erreurs, ni les défordres particuliers fur lefquels on le déclare héretique, & on le dégrade de fon Miniftere? Une décifion nette de certains articles précis, ou de certaines fautes commifes fermeroit la bouche à tous. Les adverfaires, qui triomphent aujourd'hui de le voir décrié fi honteufement, s'applaudiffent à la verité d'avoir obtenu tout ce qu'ils fouhaitoient, mais appaifent-ils les murmures & les médifances de ceux, qui le croyent innocent, & fa condannation l'effet d'une cabale, dont on n'a pas pris trop de foin de cacher les artifices? Au contraire on m'affûre que hors de quelques Réguliers de la Miffion, qui laiffent paffer la tempête par deffus leurs têtes, & contens de la liberté, & de la petite vie douce, dont ils jouïffent, fe mettent peu en peine des bruits de dehors, trois cens autres Prêtres Miffionaires gémiffent & font au défefpoir de n'avoir aucun moyen legitime de juftifier leur Pafteur dans l'efprit du S. Pere, & de ne favoir que répondre à ceux qui fe moquent plus que de leur fimplicité, des manieres violentes, ou au moins fecretes dont le jugement a été formé.

Je trouve encore très-digne de confidération, que ne paroiſſant aucun écrit pour la juſtification de la Sentence, les amis & les ennemis ont dans les mains des ouvrages extrémément preſſans pour en montrer l'inſubſiſtance. Un bon P. Jéſuite me dit un jour que je lui parlois de ceci, qu'ils laiſſoient tout faire à Rome, & qu'ils ne ſe mêloient que d'obéïr à ſes Décrets. Je voulus bien lui faire un merite de ſon ſilence : mais réfléchiſſant en moi-même qu'ayant tant fait pour obtenir la condannation, ils pourroient bien auſſi faire quelque choſe pour en démontrer la juſtice, & cette indolence de s'arrêter tout court, quand ils l'ont obtenuë, donne ſujet de croire qu'ils ne vouloient que cela, & que la ſatisfaction de leurs pourſuites leur eſt plus à cœur que l'honneur de ceux qui leur ont donné cette ſatisfaction. Il n'eſt pas beſoin, direz-vous, d'apologie pour juſtifier les jugemens du premier Siége, qui ne peut & ne doit êt re jugé de perſonne. Je l'avois dit devant vous dans ma derniere lettre, & c'eſt ce qu'on peut dire à des enfans très-obéïſſans & ſoûmis. Mais ne ſommes-nous pas obligez de ſatisfaire aux ignorans & aux-ſavans, aux foux comme aux ſages ? C'étoit au moins la penſée de S. Paul : & il ſemble que Dieu veut qu'on empêche les ennemis de ſon nom & de ſa foi, de blaſphémer, quand on le peut, en leur

ôtant

ôtant tous les prétextes, mêmes les plus légers de le faire.

Il me reste deux de vos réfléxions à satisfaire, que vous croyez les plus importantes, & qui en effet ont une apparence fort grande, tant contre moi en particulier, que contre les Janseniftes mêmes. Vous ne pouvez comprendre, dites-vous, que j'ose avancer après les examens de la cauſe, & les Sentences renduës, que tout eſt encore ambigu dans la querelle du Janseniſme, & que les parties ſemblent chercher à ſe jouër reciproquement, puis que les Propoſitions de Janſenius pouvant avoir pluſieurs ſens, ne juſtifient ni ne condannent point expreſſément ceux qui les admettent, ou qui les improuvent. Je vous avouë que ma propoſition eſt hardie, & que peut-être en certains païs me pourroit-on faire des affaires ſur cette liberté, mais parlant entre nous, & avec l'ingénuité, qui ſied ſi bien aux perſonnes raiſonnables, ce que j'avance n'eſt-il pas vrai au pied de la lettre? Et y a-t-il rien de plus facile que d'en convaincre les plus entêtez par le détail, & les idées que donnent naturellement ces Propoſitions?

La I. eſt qu'*il y a des commandemens impoſſibles à accomplir mêmes aux juſtes dans certains états, quoi qu'ils s'efforcent de les accomplir, & que la grace leur manque pour cela,*

& pour qu'on puisse dire qu'ils sont absolument possibles. Il est évident que le terme de *possible* n'est pas clair & déterminé de soi-même à un seul sens, puis qu'on lui en donne plusieurs en Théologie, & que la Proposition peut être vraye ou fausse selon l'un ou l'autre de ces sens. Il y a une *possibilité éloignée*, qui ne suffit non plus que des jambes à un paralytique pour courir. Il y en a une *prochaine*, qui consiste dans le concours de tout ce qui est nécessaire pour agir, de sorte qu'il ne manque que la volonté. S'il est vrai que l'homme ne fait aucun bien sans une grace suivie de son effet, quand cet effet manque ne peut-on pas dire qu'il y a manqué que lque chose pour la possibilité prochaine, puis que celle-ci auroit eu son effet? S'il ne l'a pas fait, dit-on, c'est sa faute, & le manquement seul de sa volonté. Mais si la volonté ne fait jamais le bien sans la grace efficace en effet, & que le pouvoir prochain consiste & comprenne cette grace, qui fait agir, & sans laquelle on n'agit point: que répondre à cela? .& n'est-ce pas un mystere incompréhensible, qu'on s'efforce inutilement de rendre sensible par des explications & par des Décrets?

La seconde Proposition est *qu'on ne résiste jamais a la grace interieure, dans l'état de la nature corrompuë.* Voici encore une autre
tre

tre équivoque. Cette grace interieure
eſt-ce une illumination de l'eſprit, ou un
mouvement de la volonté, ou tous deux à
la fois? On appelle graces dans l'eſprit les
connoiſſances qu'on a de ſon devoir. Il
faudroit être fou pour ſoûtenir que perſonne ne réſiſte à cette ſorte de graces, puis
que l'experience de tous les hommes con-
vainc du contraire. Il n'y a donc point de
raiſon d'imputer cette folie aux Janſeniſtes.
Il y a des graces de cœur, des touches,
des mouvemens de la volonté. L'experience n'eſt pas moins fréquente que tous les
hommes ont tous les jours des velleïtez,
des inclinations, des déſirs imparfaits, qui
ne ſont nullement ſuivis des bonnes œuvres. C'eſt encore prendre les Janſeniſtes
pour des inſenſez que de vouloir qu'ils
s'oppoſent à cette doctrine, & à ces experiences. De quoi donc les accuſe-t-on? De
dire que dans le ſyſtéme de la Grace efficace, une grace veritablement grace interieure eſt celle qui fait agir, qui diſſipe
toutes les ténebres de l'entendement, ou
au moins triomphe de toutes les oppoſi-
tions de la volonté, néceſſaire pour faire
le bien dans l'état préſent de la nature corrompuë, à laquelle on ne réſiſte jamais,
quoi que la volonté ainſi gagnée ſoit la même, qui peut toûjours refuſer d'y conſen-
tir *in ſenſu disjuncto*, comme parle l'Ecole.

M 3

&

& qui effectivement ne feroit pas la bonne œuvre si elle étoit destituée de ce secours divin. Cette doctrine est-elle héretique?

La troisiéme Proposition est que *pour meriter & démeriter dans l'état de la nature corrompuë il n'est pas besoin d'être libre de toute sorte de nécessité, mais de toute sorte de contrainte.* Cette Proposition est plus que toute autre sujete à diverses explications, car enfin de combien de sortes de necessitez n'y a-t-il point? Et s'il se trouve vrai que la liberté est incompatible avec quelqu'une, le doit-elle être absolument avec toutes? Il est sûr dans la pensée de tout le monde que la nécessité de conséquence, comme on l'appelle dans les Ecoles, ne fait aucune violence à la liberté, & que Pierre, par exemple, qui s'est déterminé librement à s'arrêter ou à suivre son chemin, marche, ou demeure ferme nécessairement, supposée sa premiere détermination. Toute sorte de nécessité antécédente n'est pas même contraire à la liberté, pour ainsi parler, la plus libre. L'idée naturelle que nous avons de la liberté de l'homme libre, est que celui-ci fait de sa propre volonté ce qu'il fait, la contrainte étant la seule, qui est opposée à cette détermination, qui part du fond interieur de la volonté, & par laquelle l'homme se porte à une chose plûtôt qu'à une autre.

tre. Si donc dans la pensée de tous les Théologiens Dieu a des moyens très-efficaces & très-doux, avec lesquels il gagne infailliblement les cœurs, & les entraîne par une nécessité de plaisir & d'amour à ce qu'il veut, pourquoi au lieu de reconnoître cette amoureuse nécessité compatible avec la liberté, ne dit-on pas plûtôt que Dieu bien loin de faire violence à l'homme rend sa volonté d'autant plus libre, que par le moyen d'une suavité inexplicable il fait qu'elle se porte avec plus d'ardeur & avec un mouvement plus fort où il se sent tiré? *Amor meus pondus meum, hoc feror quocumque feror.* L'amour qui n'est autre chose qu'une inclination, qu'une approche de l'ame vers son objet, comment pourroit-il être moins amour, & l'approche moins libre, quand il est aidé d'un secours qui le pousse plus fortement, & quand l'approche se fait avec plus de rapidité vers l'objet où l'ame veut aller, & où elle va d'autant plus librement, qu'elle s'y porte avec un désir & une volonté plus ardente & plus forte?

Il y a encore d'autres nécessitez, lesquelles si on vouloit expliquer au pied de la lettre, introduiroient d'étranges désordres dans la Religion, & des blasphémes déclarez dans les Saintes Ecritures. David se plaint

d'être

d'être soûmis à des néceſſitez qui lui faiſoient faire & commettre des fautes quaſi
contre ſa volonté, *De neceſſitatibus meis eri-*
pe me. Quoi Dieu le forçoit-il au mal, &
y étoit-il entraîné par une néceſſité qui lui
ôtât ſon libre arbitre , & qui fût incompatible avec ſa liberté naturelle ? Si donc
il y a une néceſſité compatible avec la connoiſſance , & la liberté néceſſaire pour donner un conſentement criminel au peché,
pourquoi n'y en aura-t-il pas une compatible avec la liberté requiſe pour avoir le
merite d'une bonne action ? Une certitude & une infaillibilité d'effet, qui n'ôte
point à ſa cauſe le précieux caractere d'u-
ne activité toute libre , & d'un concours
meritoire à ſes actions? Je ne ſai ſi on trouve bien de la difficulté à comprendre ceci :
pour moi je vous avouë que je n'y en trouve aucune, & que j'y acquieſce avec un eſprit mille fois plus ſatisfait qu'à tout ce
qu'on me ſait dire au contraire.

Il ſemble y avoir plus de difficulté ſur
la quatriéme Propoſition , qui regarde le
vrai ſens dans lequel les Demi-Pelagiens ex-
pliquoient leurs opinions, & quel eſt le venin caché dans ces opinions. Touchant le
premier , il importe très-peu à l'Egliſe
quelle ait été l'erreur de quelques perſonnes. Ce qu'il y a d'important eſt de connoître cette erreur, & de la condanner.

Mais

Mais voici encore une équivoque, & une
Proposition, qui peut-être entenduë à double sens. Car de quelle Grace entend-on de
parler, quand on dit que les *Demi-Pela-*
giens la croyoient telle que la volonté de l'hom-
me pouvoit lui refifter, ou lui obéïr? Eft-ce
de la Grace fuffifante ou de la Grace efficace? De la Grace Pelagienne ou de celle
de S. Auguftin? Il n'y a aucune difficulté touchant la premiere, ni aucune occafion de crier l'alarme, fi on l'entend de
la feconde ; puis que les plus âpres défenfeurs de la Grace efficace par elle-même
n'ont jamais eu la penfée de dire qu'elle
ôte la liberté & le pouvoir de lui refifter, ce pouvoir & cette liberté étant
dans le fond, le fonds même & la
nature de l'ame, au lieu que le confen-
tement donné à la grace victorieufe n'eft
qu'un acte particulier de la volonté, qui
n'a aucune incompatibilité avec la puiffan-
ce de ne le pas produire, ou même d'en
produire un tout contraire, fi elle n'étoit
pas dans les circonftances, où elle fe trouve alors animée & foûtenuë des fecours
de la Grace.

Il y a de même dans la cinquiéme Propofition deux membres, un qui regarde le
fait, & l'autre le droit, un fans conféquence & l'autre important. Quoi qu'ayent
crû les Demi-Pelagiens tonchant l'effica-

cité

cité de la mort de Jesus-Chrift, la difficulté & la matiere de foi eft quelle eft cette efficacité, & combien elle eft étenduë, & comment on doit croire & parler, quand il eft queftion du fruit de la mort du Redempteur. Il eft évident que la Propofition *Dieu eft mort pour tous les hommes*, eft équivoque autant & plus qu'aucune autre, puifque s'il eft queftion du prix des humiliations & du fang de Jefus-Chrift, il n'y a perfonne qui ne le reconnoifle d'une valeur infinie, & fi on parle de l'application de ce merite infini, il n'y a perfonne, qui puifle difconvenir fincerement qu'il n'eft appliqué efficacement & pour le falut final qu'aux Elûs. De quoi peut-il donc ici être queftion? Du comment il eft vrai de dire que Jefus Chrift eft mort pour le falut de tous, & pourtant tous ne font pas fauvez. Mais s'il eft vrai qu'on foit d'accord des faits, eft-il raifonnable de fe quereller fur les manieres de parler & d'appeller héretiques ceux qui ne s'expriment pas comme nous, quand il eft fûr qu'ils ont les mêmes fentimens? Je vous ai, ce me femble, fi clairement & fi fortement expliqué dans ma derniere lettre ce qu'on doit croire de cette difpute, que je juge inutile d'y rien ajoûter. Ce qui me refte ici eft de vous faire réfléchir au *Quantum eft in rebus inane!* même dans les chofes que certaines gens croyent

croyent les plus importantes, & que pour traiter des matieres les plus saintes, le cœur n'en suit pas moins le mouvement des paffions, & se fait souvent un point d'honneur très-mal fondé de vouloir prendre & soûtenir certains engagemens à quelque prix que ce soit. Je veux encore vous faire avouër que veritablement toutes ces Propofitions, dont on a fait, & dont on fait encore tant de bruit dans le monde, pouvant être entenduës en divers sens, par une conféquence infaillible leur cenfure n'oblige à les condanner que dans un fens qui soit veritablement erronée, & qu'on peut les soûtenir dans un fens raisonnable fans manquer au refpect qu'on doit au S. Siége, qui jufqu'à ce qu'il les ait déterminées à un fens particulier clair, & décifif n'oblige à rien de précis, & ne donne aucun droit aux brouïllons d'appeller refractaires & rebelles ceux qui ne les entendent pas au fens, auquel ils veulent qu'on les entende, & le veulent de leur propre autorité.

Ce que vous ne pouvez non plus vous difpenfer de reconnoître eft que toute cette grande querelle roule effectivement fur la matiere feule de la Grace, laquelle partageant aujourd'hui les Ecoles entre les fectateurs de l'ancienne doctrine & ceux de la nouvelle, entre les Difciples de S. Au-

Auguſtin & de S. Thomas, & ceux de Molina, ces derniers n'ont d'autre vûë que celle de faire triompher leur opinion particuliere, à laquelle ils tâchent de tirer les Décrets des Papes, & de rendre odieux ceux, qui n'acquieſcent pas à leur ſentiment, qu'ils ſont en leur faveur. Ces Meſſieurs auront peut-être de la peine à convenir que la condannation du livre de Janſenius ayant été entrepriſe par le feu Cardinal de Richelieu pour le motif que chacun ſait, ils furent ravis de ſe préter à ce deſſein, qui les vengeoit du tort, qu'ils croyoient recevoir par ce livre, lequel cherchant à établir la Grace par ſoi-même efficace, venoit à ſapper la leur toûjours ſuffiſante, & efficace quand il plaît à l'homme d'y prêter ſon conſentement. Vous ſavez ſans qu'il ſoit beſoin de vous en faire ſouvenir, combien de ſollicitations, combien d'intrigues, combien de livres, combien d'efforts ils ont faits pour arriver à ce but, & comme ayant eu les Puiſſances pour eux ils ont triomphé au long & au large parmi le peuple, de qui ils ſe ſont faits reverer comme les domteurs d'un monſtre, qui ſans le puiſſant & victorieux effort de leur bras alloit ravager toute l'Egliſe, faiſant couler adroitement dans les eſprits l'opinion que leur orthodoxie étoit la cauſe des plaintes qu'on faiſoit de leurs cabales, & des perſecutions, qu'ils outroient

tous

tous les jours contre les Difciples de l'ancienne Ecole, en les confondant malicieufement avec les profcrits, & même avec les Prétendus Réformez, pour les rendre plus odieux. On a beau leur demander combien de perfonnes en particulier ils ont fait déclarer héretiques par le S. Siege, combien d'abjurations, ou de châtimens fpécifiques ils ont produits pour preuve de leur zele triomphant; car enfin fans la mort ou la prifon de quelques adverfaires on n'a pas raifon de fe glorifier d'avoir gagné la bataille. Il eft de leur triomphe comme des converfions qu'on dit qu'ils font dans les Indes. Tout y eft par eux converti, mais quand il eft queftion de reconnoître ce nouveau & nombreux Chriftianifme, on ne trouve perfonne qui ait entendu parler de Jefus Chrift, *Sed neque fi Chriftus eft, audivimus,* on n'a ouï parler que d'un Dieu glorieux, qui n'exige de perfonne aucune obfervance chagrine, & qui pour fe montrer plus familier aux hommes, eft le Ciel même qu'ils voyent rouler fur leurs têtes. Cependant c'eft étre envieux de la gloire de la Societé, c'eft ne rien entendre dans la meilleure maniere de convertir, que de revoquer en doute la validité de ces converfions. C'eft être Janfenifte que de douter qu'il y en ait, de protefter qu'on n'en

con-

connoît aucun, & même de demander en
quoi consiste le Jansenisme, c'est être digne de toute sorte de persecutions, & c'est
donner occasion aux seuls veritables Apôtres & Missionaires de vous décrier, & de
vous ôter la reputation, de vous faire perdre vôtre fortune, & de vous faire sans
exception tous les maux que ce saint & in-
genieux zele fait faire inventer à ceux qui
en sont remplis. Je disois tantôt *quantum est
in rebus inane !* Je dis maintenant *quantum
est in his rebus amarum !* De combien de fiel
se remplissent souvent des esprits, qui se
croyent sages, & modérez, & combien d'a-
mertumes & de chagrins donne-t-on à des
gens, souvent plus innocens que ceux qui
les accusent?

Necesse est ut veniant scandala. Mais enfin
le champ de l'Eglise est toûjours mêlé de
bon grain & d'yvroye, & la sagesse de Dieu
trouve bon qu'il y ait toûjours quelque
désordre dans le monde pour donner lieu
à l'exercice des vertus, qui servent à soûtenir, ou à rétablir l'ordre. Ce qui est de
l'obligation de chaque particulier est de
veiller que les scandales, qu'il est nécessaire qui arrivent, n'arrivent point par sa faute.
Voici, me direz-vous, une longue décla-
mation, & une grande piéce de Lieu Commun fourrée dans une lettre particuliere, qui
se passeroit bien d'être déja si longue. Je finis

nis cette matiere par un scrupule que je
veux vous communiquer, & un petit scandale passif, que je souffre à l'occasion de toutes ces querelles. Je n'ai aucun interêt ima-
ginable, qui me dispose à prendre l'un ou
l'autre parti. Je n'ai aucun emploi, qui
m'engage à parler de dispute & de controverse, & comme vous savez, je suis l'homme du monde le plus ingénu. Comme je
n'aime pas à parler sans quelque réfléxion
à ce que je dis, cela m'oblige souvent à
réfléchir sur les choses, dont il se pourroit
présenter quelque occasion de parler, afin
de n'être pas embarassé dans l'occasion.
Vous souvenez-vous que je vous écrivis
dans une de mes lettres que j'avois eu en
mon voyage un assez long entretien avec
un Régulier Professeur en Théologie dans
son Ordre, & que je l'avois trouvé tout à
fait Moliniste. Je vous dis alors, si je ne
me trompe, en réfléchissant sur les soins,
que prennent les Jesuites, d'insinuer par
tout leurs opinions, & d'attirer le monde
dans leur parti, que je croyois qu'à force
d'empressemens & de soins, ils viendroient
un jour à bout de faire recevoir leur Théologie, & chasser l'ancienne des Ecoles.
On a sujet, comme vous savez, de croire
que les choses, dont on poursuit le succez
avec autant d'application que celle-ci, réüs-
sissent à la fin. Si cela arrive jamais, ce

sera

fera à la faveur des Décrets de Rome, qui donneront cours & autorité à ce qu'on ne soûtient aujourd'hui que comme permis & comme probable. Que deviendront alors les approbations & les éloges donnez par tant de Papes & de Conciles à la Doctrine de S. Augustin, & de S. Thomas? N'y auroit-il point là Autel contre Autel, & approbation des Papes contre des approbations d'autres Papes? Ce sera en vain qu'on dira que les nouvelles opinions ne sont point contraires aux vieilles, ni les approbations recentes aux anciennes. Outre que les premiers défenseurs de la Théologie moderne ont reconnu sans façon la contrarieté entre l'une & l'autre, jusques à dire que S. Augustin par l'emportement d'un esprit Afriquain avoit porté les choses au delà du juste tempérament. Nous venons de voir combien a mal réüssi à un grand Cardinal le dessein de tirer le défenseur de la Grace dans les sentimens modernes, & qu'on sifflera ce projet tant qu'on lira les œuvres de ce Pere, ou jusqu'à ce qu'on en fasse quelque impression, comme on dit qu'on en fit autrefois, où l'on y adoucisse la force de quelques-unes de ses pensées, pour les accommoder avec plus de vrai-semblance aux opinions, qui auront gagné le dessus. Je vous laisse faire vos propres réfléxions, car j'ai peur de porter les miennes trop loin.   Je

Je vous ai dit mon scrupule & mon scandale passif au sujet de toutes ces querelles, je vas vous dire encore comme je tâche à m'instruire moi-même, & à me tirer du mauvais pas où je me vois. C'est que je vas m'imaginant qu'il sera un jour de toute cette hérésie comme de l'Hérésie Henricienne. Vous savez de combien de désordres & de scandales, fut cause dans l'Eglise l'opinion qui croyoit que l'Empereur Henri IV. pouvoit en bonne conscience conférer les Bénéfices Ecclesiastiques à ceux, qu'il jugeoit capables de les posseder. Combien d'excommunications foudroyerent & l'Empereur & ses partisans, qu'on faisoit passer pour des hérétiques simoniaques, qui attribuoient aux Laïques le droit de disposer des dons du S. Esprit nonobstant leur état séculier. On tint des Conciles pour cela, où cet article de foi fut décidé, & toutes les censures confirmées & accrües contre tous ceux qui s'obstineroient à soûtenir le contraire. Ceux-ci avoient beau crier que ce n'étoit nullement leur pensée : mais que le droit d'élection appartenant aux Empereurs, comme premiers fondateurs & protecteurs des Eglises, mêmes par de très-expresses déclarations des Papes, qui le leur avoient ou concedé ou reconnu : & que ces Eglises possedant des fiefs & des Droits temporels, dont les Empereurs les

avoient revêtus, ceux-ci ne prétendoient
que d'en conférer l'Investiture, & d'user
du droit de présenter des sujets aux Préla-
tures, ausquels ils laissoient ensuite au Pape celui de conférer la consécration & la
Jurisdiction spirituelle. Tout cela ne servoit à rien contre des gens, qui n'étoient
aucunement disposez à s'accorder, & qui
vouloient en toute maniere priver les Empereurs de toute sorte de droit dans cette
affaire. On crioit à l'hérétique & aux armes de toutes parts contr'eux, & les censures & les guerres durerent jusques à ce
qu'il plût à Dieu d'envoyer dans le cœur
des Papes des pensées de paix & non d'af-
fliction, & que par une révolution, qui ne
changea rien dans les sentimens, la reconciliation se fit, la chose ne paroissant plus
digne d'aucune censure. Vous en savez
l'Histoire mieux que moi, & si les Princes les plus religieux d'aujourd'hui ne vivent pas dans la possession paisible de ce
Droit, dont la prétension paroissoit autrefois si criminelle.

Il y auroit mille choses à vous dire touchant la qualité, & les coûtumes particulieres des Catholiques de ce païs-ci, qui ne
regardent point les brouïlleries, dont je
vous ai assez entretenu. Autant que j'ai pû
remarquer dès mon arrivée, il n'y a bonnement que de deux sortes de Catholiques

en

en Hollande, favoir de très-bons & de très-
mauvais. Je ne parle pas, & ne comprens
pas dans le nombre de ces derniers les trans-
fuges de nos Cloîtres, qui font ici affez
nombreux, & dont la plûpart pour ne rien
dire de pis, ne fait pas grand honneur à la Religion, qu'ils ont embraffée, & dont les P.
Réformez mêmes ne témoignent pas de faire
beaucoup d'état. Je parle de certains Catholiques, qui fans changer ouvertement
de Religion, & continuant à fe dire Catholiques, non feulement ne fe piquent
nullement de vivre comme ils devroient,
mais même parlent très-mal de l'Eglife
Romaine & de fes ufages les plus faints,
& voudroient qu'on crût que c'eft par une
efpece de délicateffe de confcience, qu'ils
vivent hors de fon pouvoir, quoi que leur
conduite foit plûtôt celle de perfonnes qui
ne croyent rien du tout, & qui ne refpi-
rent & ne cherchent que le libertinage.
J'en ai vû & pratiqué qui fe moquent de
toutes les abftinences commandées par l'E-
glife, qui déclament auffi fortement contre les prétenduës fuperftitions, & la ty-
rannie, à leur avis du Pape, que pourroient
faire les plus zelez Proteftans. Avec cela
ils fe font honneur d'un éloignement de
toute fecte, d'un grand zele pour la pureté
de la Religion, & de mille belles chofes,
qui, fi elles font dans leur idée, elles y

font

font avec tous les principes pratiques, & tout l'attachement à la débauche & le libertinage le plus outré. Nous avons ici des Prêtres, & des Religieux Apoſtats, qui vivent avec la concubine à côté, exercent des métiers, pratiquent, & ſe font voir aux Catholiques mêmes avec un front auſſi réſolu que s'ils étoient les plus honêtes gens du monde, diſcourent comme des perſonnes d'importance, s'inſinuent hardiment par tout, & font des railleries auſſi libres de leur premier état connu & reconnu de tous, qu'en pourroient faire les P. Réformez, qui ne manquent pas d'en tirer les conſéquences qu'il leur plaît, au mépris de la vie Religieuſe, comme ſi celle-ci par des auſteritez mal à propos les avoit forcez à la quitter & à vivre dans l'abandon où ils ſont & font gloire de demeurer. Vous pouvez bien penſer qu'un ſcandale auſſi criant & un déshonneur auſſi grand que nôtre Religion en ſouffre, devroit un peu animer le zele de nos Miſſionaires, particulierement de ceux, qui ont l'art & les moyens de réüſſir en tout. Mais je n'entens point parler qu'ils expoſent leur charité au déboire, qu'elle pourroit trouver dans une entrepriſe auſſi perilleuſe que celle-ci, & on ſe contente de tenir l'Egliſe purgée de tout Janſeniſme imaginaire ou réel, & de pouſſer à bout par toute ſorte de décri &

de

de cabale, un étranger, qui auroit la hardieſſe de s'informer, de la qualité des brouïlleries que cauſe cette querelle, ſans toucher à cet autre déſordre, comme s'il n'en valoit pas la peine.

Il y a d'ailleurs de très-bons Catholiques, & qui par leur vie prennent ſoin de ne point donner d'occaſion à nos ennemis de penſer ou de parler mal de nôtre Religion. Les Egliſes ſont fréquentées, & ils y aſſiſtent avec une dévotion incomparablement plus grande que dans vôtre Italie, l'oppoſition des Religions contraires, qui regnent ici de toute ſorte, & en toute liberté, animant par une eſpece d'antiperiſtaſe leur zele à s'acquiter dignement de tous leurs devoirs. Nonobſtant cela, les Communions ne ſont nullement ici auſſi fréquentes qu'elles le ſont en bien des endroits, où l'on ne vit pas avec autant de circonſpection. Voilà, me direz-vous, une réfléxion de Janſeniſte. Et moi je vous répons que plût à Dieu que la fréquentation des Communions fût une cauſe efficace, & qui produiſît néceſſairement une meilleure vie, Dieu en ſeroit beaucoup plus glorifié. Mais j'ai grand peur qu'à moi & à bien d'autres ne s'adreſſe le reproche que cette divine viande n'arrache pas le mal & la malice du cœur, & que ceux qui conſeillent cette fréquentation de Commu-

nion

nion où elle se pratique, n'ayent pas l'intention aussi pure, que la chose est spécieuse.

Pour ce qui est des Eglises, elles ne sont pas publiques, bâties sur la ruë, & avec des clochers, mais au dedans entre des maisons, par lesquelles il faut passer pour y arriver. Elles sont cependant fort propres, & en quantité, y en ayant plus de trente à Amsterdam, & dans les autres Villes à proportion pour le nombre des Catholiques qui y sont. Entre toutes les Villes de Hollande celle d'Utrecht est la plus remplie de Catholiques à proportion de sa grandeur. Aussi cette Ville se donna-t-elle plûtôt aux Hollandois, qu'elle ne fut prise par eux: ce qui a fait que les Catholiques sont toûjours restez en une pleine liberté, & que selon qu'il me semble d'entendre, ils avoient au commencement le droit d'entrer dans les Magistratures, dont cependant ils sont aujourd'hui déchûs. Je dois vous dire que quoi que la Hollande soit comme le centre, où viennent s'établir beaucoup de Catholiques ennuyez de leur Religion, cependant, il se voit peu de Catholiques nez en Hollande, qui fassent ce changement. Et la raison, ce me semble, pourroit bien être qu'il n'y auroit rien à gagner pour eux, au lieu que ceux qui viennent s'y établir,

blir, efpérent par ce changement, ou y trouvent toûjours quelque avantage.

Les Eglifes font fervies par leurs Pafteurs, ou Miffionaires députez au Miniftere des Sacremens & à prêcher, & la mufique ou chant, dont on accompagne les Offices aux fêtes, fe fait par quelques hommes, mais le plus fouvent par des femmes feules, qui fe font ouïr d'une Tribune particuliere deftinée à cet effet. Ceci paroîtra un peu furprenant, à un homme qui vit dans un païs où les femmes n'ont pas tant de privileges dans des Eglifes ouvertes à toute forte de perfonnes : mais enfin la coûtume l'emporte ici que *Juvenes & Virgines, fenes cum Junioribus laudent nomen Domini*, qu'on voye dans un même Chœur des hommes & des femmes mêlées qui y chantent les loüanges de Dieu, ou des femmes feules, qui fe font ouïr quelquefois avec un éclat & une vivacité toute particuliere.

Ce font de même des femmes feules ou des filles dévotes qui font l'office de Sacriftaines, qui préparent les autels, allument publiquement les Cierges fur les autels, & à ce qu'on m'affûre qui fervent aux Meffes particulieres, quand les Prêtres les célebrent fans concours, comme il arrive en quelques Eglifes les jours ouvriers. Ceci vous paroîtra encore plus furprenant, &

bien

bien éloigné de la pratique d'Italie. Mais voici quelque chofe qui l'eft encore plus, c'eft que quafi tous les Pafteurs, Prêtres & Réguliers vivent dans des maifons particulieres, chacun avec quelqu'une de ces dévotes, dont la plûpart ne font nullement furannées, & jufqu'aux J .... mêmes, qui d'ailleurs affectent de paroître fi circonfpects en toute autre rencontre. On ne fait ici ce que c'eft que de fe faire fervir par des hommes. Il faut des femmes par tout, & pour tous, & ce qui eft de moins chagrinant pour elles c'eft qu'elles font par tout ce païs les maîtreffes, qu'elles tiennent la bourfe, qu'elles commandent, & que les hommes de toute forte de condition ne font ordinairement rien que fous leur bon plaifir, & contentement.

Les femmes en particulier, qui fervent aux Prêtres & aux Réguliers, s'appellent dévotes, *Virgines Deo Devotæ*, Beguines fi vous voulez, ou *Clopes* dans la langue du païs. Elles vont toutes habillées de noir avec une coiffe fimple, ou un grand voile de même, qui dès la tête leur pend jufque fous les genoux, au moyen duquel habit, & d'un peu de foin à tenir les yeux baiffez, elles ont le privilege de vivre en toute familiarité & liberté avec leurs Peres fpirituels, fans qu'il foit permis de concevoir le moindre foupçon de cette cohabitation fi
familiere.

familiere. Je dis celles qui vivent avec les Miffionaires, car il y en a beaucoup d'autres qui fous le même habit de Beguines vivent une ou deux enfemble dans leurs maifonnettes ou appartemens particuliers, & y font refpectées & tenuës pour filles très-fages, jufqu'à ce que la fragilité humaine ait fait quelque défordre dans leur continence; ce qui n'eft pas très-rare, à ce qu'on affûre; car alors le Sacrement du mariage repare la bréche, par où les médifans vont à l'affaut contre leur réputation, & les met à couvert des traits de la médifance. Je ne veux pas oublier de vous dire à propos de ces Dévotes, que celles qui vivent fous la direction des J... fe font remarquer & diftinguer des autres par la forme de leurs mouchoirs de col, qu'elles portent bien proprement arrondis fur les épaules, au lieu que les autres les portent quarrez avec de petits plis autour du col, qui ne manquent point de leur agrément. Outre cela les Dévotes des J... portent les manches de leurs robes ferrées, comme celles de leurs Peres fpirituels, au lieu que les autres les ont un peu plus larges, & d'une médiocrité entre le trop & le trop peu. Mais il faut dire la verité que la diftinction eft encore plus grande entre les manieres qu'entre les habits de ces Beguines, celles des J... (autant que je l'ai remarqué)

N 5

marqué) étant toutes des filles bien faites, & d'un esprit beaucoup plus souple, & plus insinuant que les autres, qui apparemment ne sont pas choisies avec tant de soin, ni formées avec tant d'application.

Il faut avouër aussi que les Eglises des J..... sont par tout d'une propreté, à laquelle on ne peut rien ajoûter. Beaux Autels, bonnes peintures, riches ornemens, fins linges, bonne musique, & sur tout cela des Messes réiterées avec un ton de voix prêchante, entre-mêlée d'aspirations, & de soûpirs, ou tout au moins (car tous ne sont pas également disposez à donner cet assaisonnement à leur prononciation) avec une variation de ton haut & bas, qui fasse connoître qu'on ne veut point que les choses aillent avec cette maniere plate & insipide d'un simple recit. Cela apparemment n'est pas sans quelque mystere, car outre qu'on gagne déja de n'être pas mêlé avec le commun des Prêtres, qui ne savent faire les choses que tout simplement, combien y a-t-il de personnes, qui charmées de la singularité de cette prononciation harmonieuse se detachent peu à peu des choses de ce monde, qu'on laisse aux pieds de ces hommes extasiez, pour les suivre dans la region des visions béatifiques? Entre vous & moi, Monsieur, il faut bien qu'on ait cette vûë, ou quelqu'autre semblable à celle-ci, pour

passer

passer par dessus les égards qui ne peuvent
manquer de faire souvenir des honétes gens,
qui se trouvent présens à ces Messes, &
dont on méprise la juste aversion qu'ils
ont de ces manieres affectées, pour plaire
à des personnes, dans lesquelles on ne peut
envisager qu'une certaine disposition assez
semblable à la fatuité, dont on pense de
tirer quelque fruit. Au moins n'a-t-on pas
sujet de soupçonner dans des personnes si
habiles en toutes les choses du monde, une
ignorance qui leur fasse prendre ces manieres pour des moyens fort sûrs d'avancer la
plus grande gloire de Dieu.

Pour ce qui est de la qualité personnelle
des Missionaires j'y remarque quelques
singularitez qui les distinguent. On dit
qu'il y a en toute la Hollande environ trois
cens Prêtres séculiers (ceux-ci sont quasi
tous Jansenistes, & attachez à la personne
de l'Evêque de Sebaste, au moins disposez à témoigner en faveur de sa Catholicité
& de ses bonnes & très-bonnes mœurs) &
beaucoup d'autres Réguliers, mais non
pas en si grand nombre. Je me souviens
d'avoir lû autrefois une copie manuscrite
de la Relation de toutes les Missions du
monde, (dont je vous ai déja parlé plus haut,)
que le nombre de tous les Missionaires de
Hollande Réguliers & Prêtres ne passoit
pas alors les 300. De sorte qu'il faut qu'il
le

se soit accrû notablement, pour des raisons que je ne comprens pas, car je n'entens point dire qu'il se fasse beaucoup de conversions de P. Réformez, au contraire il échappe plûtôt de temps à autre des Catholiques, qui passent à leur parti. N'est-ce point qu'il se fait beaucoup de Prêtres, nez de familles Catholiques de Hollande, qui ont étudié à Rome, Louvain, Liege, & en d'autres Villes, & qui étant une fois consacrez ont besoin d'un emploi, qu'on leur donne toûjours à bon conte dans la Mission qui grossit par ce moyen? Les Réguliers ne sont pas moins zelez à vouloir servir Dieu dans cet emploi, soit ceux qui sont nez dans ces Provinces, & faits Religieux dans les Villes Catholiques, & que leurs Superieurs se font un plaisir de renvoyer après cela chez eux pour avoir le merite de cooperer avec les ouvriers de la Vigne du Seigneur, ou pour d'autres fins. Soit enfin d'autres Réguliers François & Flamans, qui ne se croyent pas moins nécessaires que les autres, & ausquels il a falu trouver de l'emploi d'une maniere ou de l'autre. Vivent-ils, me demanderez-vous, comme ils doivent vivre? C'est de quoi je ne puis pas vous parler avec précision, car de relever les infamies, dont l'un & l'autre parti des Jesuites & des Jansenistes, se sont chargez reciproquement & par

un droit de recrimination mutuelle, c'eſt
ſe fonder ſur la paſſion la plus aveugle, &
s'expoſer à ne rien dire de vrai. Ce que je
puis dire de plus ſûr eſt qu'on a vû, même depuis peu un Miſſionaire Régulier
faire une honteuſe banqueroute à ſon emploi, & à ſa Religion, & d'autres pour-
ſuivis par la voix commune de quelques
déſordres qui avoient fait bien du bruit &
de l'éclat. Ce leur eſt un grand ſecours
contre la médiſance qu'ils ayent la commodité d'aller vétus, & de pratiquer par tout
avec une liberté auſſi grande, que les perſonnes de tout autre condition, & Religion. Cependant comme tous ne ſont pas
confirmez en grace, & nous avons des ennemis qui nous obſervent de près, il s'y
eſt paſſé, même parmi ceux, qui ſont im-
peccables dans la voix du peuple, des choſes, qui ont terriblement déchaîné les langues contre quelques particuliers, & donné même aux Catholiques grande occaſion
de murmurer, voyant que des prévenus,
& dont la réputation étoit ſi déchirée, n'ont
pas laiſſé d'être ſoûtenus, & renvoyez à
leur emploi, comme ſi des perſonnes, qui
inſultent tous les jours à la fragilité des autres, étoient eux-mêmes exemts de cette
fragilité, & que leur adreſſe, & la prévention du peuple en leur faveur les mît
en droit de démentir le témoignage des
yeux,

yeux, & de confondre les accusations les mieux prouvées. On montre au doit dans une des premieres Villes de ce païs un de ces innocens en dépit du crime averé d'avoir voulu prendre des plaisirs défendus, & même usé de la force sur une créature incapable par son âge de lui donner ce qu'il lui arracha avec la derniere violence. Il fait mieux que les autres ce qui en est, cependant il marche avec le front aussi élevé comme s'il étoit le plus innocent du monde, ou que tout le monde le crût tel. Je vous parle de ceci sur la foi, non pas d'aucun Janseniste, mais même de quelques Réguliers d'un autre Institut, car quoi que tous ces Réguliers semblent aujourd'hui conspirer d'un même cœur contre le Jansenisme, la grande émulation de l'*unius contra omnes*, & *omnium contra unum*, regne au dedans avec autant de force, que s'ils étoient en champ clos de bataille particuliere, & soit par zele ou par ressentiment ils ne manquent point dans l'occasion d'accuser reciproquement leurs petites veritez.

Je remarque encore une chose, qui me semble digne de grande réfléxion. C'est qu'on envoye les Réguliers à cette Mission pour toute leur vie, & qu'on commence à les envoyer fort jeunes. J'en connois d'une Religion très-austere, qui n'ont peut-être pas trente ans. Sont-ils si bien établis dans l'esprit

» l'esprit de Religion, qu'il n'y ait rien à
» craindre pour eux & pour la dissipation de
» leurs vertus de les jetter ainsi en quelque
» façon dans la mer, denuez de tous les se-
» cours, qui soûtiennent, & nourrissent la
» pieté dans les Cloîtres, comme la solitude,
» le silence, l'abstinence, la mortification.
» Car enfin un Missionaire en Hollande, qui
» vit seul, ou avec un seul Compagnon dans
» une maison particuliere, avec une ou deux
» filles dévotes, qui ne sont souvent gueres
» plus surannées que le Missionaire (je parle
» de visu) peut s'abstenir de toutes ces pra-
» tiques de son Institut, sans qu'on fasse au-
» cune réfléxion injurieuse à sa conduite, &
» sans qu'on en parle comme d'un désordre?
» Si la comparaison d'un S. Pere, qui appelle
» les Ecclesiastiques, qui vivent dans le li-
» bre commerce du monde, *funambuli casti-*
» *tatis,* est juste, on doit supposer que les
» Superieurs de tels Réguliers, les croyent
» tous assez instruits, & plus que capables
» d'entreprendre sans danger une si perilleu-
» se carriere, puis qu'ils les y envoyent avec
» si peu de discernement.

Peut-être, me direz-vous, a-t-on des
motifs particuliers pour les exposer ainsi.
On en a sans doute, mais qui ne sont pas
quelquefois la cause meilleure ni le choix
plus raisonnable. On assûre qu'on envoye
à la Mission certains Réguliers par exemple,

ple, qu'on n'a pû satisfaire dans les prétentions qu'ils avoient aux dignitez ou aux emplois de l'Ordre. Le P. N. espéroit d'être fait Prieur, après avoir lû un certain nombre d'années dans la Religion. On n'a pû le contenter parce qu'un autre a emporté le Prieuré. Pour lui donner quelque satisfaction, & quelque moyen de vivre un peu plus à son aise en récompense de son travail, on lui ôte les sandales & la tunique, on l'habille d'un beau & fin drap, & on l'envoye dans la Mission de Hollande, où ayant continué assez long-temps à se donner au cœur joye, il a enfin franchi le pas, & pris le bonnet de Docteur & une femme parmi les P. Réformez. C'est un cas particulier, me direz-vous. Il est vrai, mais c'est un terrible avertissement aux Superieurs Réguliers de ne point exposer leurs Religieux sur un aussi mauvais principe, que celui qui fut cause de l'envoi de celui-ci, & un motif de ne penser à l'avenir qu'avec frayeur à la résolution d'en envoyer d'autres au hazard qu'ils fassent la même fin.

Il y en a un autre qui étant d'une maison riche, & avec de grandes commoditez, qui lui sont échûës par la mort de ses proches, & qui depuis cet agrandissement ne pouvant plus vivre si à l'étroit dans le Cloître a été envoyé à la Mission, apparemment

ment afin qu'il ne gatât pas les autres par
ses superfluitez. Il y est aujourd'hui avec
un Chapelain & un train proportionné à
la maison, & marche au dehors avec une
mine résoluë qu'on diroit qu'il affecte pour
paroître homme d'importance, faisant des
connoissances à droit & à gauche avec tout
le monde, aimant à regaler ceux qui ont
la fortune de devenir ses amis & à boire
avec eux de bonnes bouteilles de vins choisis, dont sa cave est toûjours garnie. Car
enfin il faut bien dépenser ses grands revenus en quelques choses, & vouloir lui ôter
ces amusemens ce feroit exposer son Ordre
à en perdre le fonds, qu'il emporteroit
avec soi si le chagrin l'obligeoit d'en sortir.

Vous voyez, Monsieur, que quelques-
uns de ces Millionaires deviennent Apôtres
par des motifs assez humains, & qu'ils
pourroient vivre dans leurs Cloîtres comme il leur plairoit sans porter leurs infir-
mitez en un si grand jour, ou tout au
moins qu'on remedieroit à bien des maux
en les changeant de temps en temps, & les
rappellant à la maison pour les remettre un
peu en forme dans l'observance des regles
de leur Institut, après qu'ils ont passé un
certain nombre d'années dans la liberté de
la vie Millionaire. Je n'oserois dire qu'il
feroit peut-être beaucoup mieux en toute

maniere de les y retenir pour toûjours ; aucune obligation ne nous forçant, si nous avons quelque sujet de nous défier de nos forces, d'entrer en une lice, où d'autres font, ou sont obligez à faire leur devoir, sans qu'on puisse nous rien reprocher s'ils ne le font pas avec succès.

Je sais fort bien les raisons dont quelques-uns mêmes de ces Messieurs ont bien voulu m'instruire, qui autorisent les Réguliers à se soûtenir dans la Mission. Savoir que les rigueurs autrefois pratiquées par Messieurs les Etats contre les Ecclesiastiques Romains, ayant écarté une partie des Prêtres séculiers, les Réguliers animez d'un plus grand zele s'exposerent hardiment à venir & demeurer en ce païs & à y servir dans les fonctions du Ministere Ecclesiastique. Mais si Dieu a accordé des temps plus heureux & que le Clergé séculier soit aujourd'hui disposé & suffisant à suppléer à tout, n'est-ce point reprocher à Dieu le service qu'on lui a rendu, que de vouloir se maintenir par force dans un emploi, qu'il semble avoir destiné à d'autres, quand d'ailleurs il nous assûre qu'il est très-content que nous nous appliquions à d'autres fonctions ?

Je pourrois encore vous écrire d'autres particularitez touchant les Missionaires Réguliers, si je ne craignois de vous ennuyer.

On

On en voit qui font dans un âge fi avancé qu'ils ne peuvent rendre que bien peu de fervice. Pourquoi ne les point rappeller à vivre en paix parmi leurs freres, & à jouïr en attendant une douce mort comme de braves guerriers Jubilez des dépouilles qu'ils ont remportées fur l'ennemi commun, avec leurs épées & leurs arcs particuliers , *In arcu & gladio meo extra fratres meos ?* Cela ne donne-t-il point lieu au bruit qui court que ces bons Peres, dès qu'une fois ils ont mis le pied dans la Miffion, s'en font un repos pour le fiécle du fiécle, s'y établiffent comme dans leur derniere demeure, & pour y paffer la vie plus doucement, fe font contribuer de leurs parens & de leurs dé-vots, & bourfillent ainfi pour accumuler un capital, qui les mette à couvert des in-commoditez, l'amour defquelles ils paroif-foient avoir époufé par leur premiere pro-feffion? Je pourrois vous faire un volume de chofes femblables, qui ne me font point échappées, nonobftant le peu de féjour que j'ai fait jufques à préfent dans ces Provin-ces. Mais comme je crains non feule-ment de vous ennuyer, mais encore de paffer dans vôtre efprit pour un Critique importun, qui fans égard à la foibleffe hu-maine, qu'il faut aujourd'hui ménager plus qu'on ne faifoit dans les temps paffez, prend tout à la rigueur. Je veux bien ici

brifer

b...fer, avec la protestation que je ne me
suis éloigné dans le narré d'aucun fait, des
t...rmes les plus étroits de la pure verité,
t lle que je l'ai connuë, & que les réfléxions, que j'ai pû mêler par-ci par-là dans
mes lettres, ne m'ont point paru faire la
moindre violence aux sentimens, qui viennent naturellement dans l'esprit.

La derniere de vos demandes est ce que
pensent Messieurs les Etats de toutes ces
broüilleries, & vers quel parti penchent le
plus les P. Réformez, qui veulent bien en
entendre parler. Touchant les premiers je
vous dirai que ces Messieurs ont les yeux
plus ouverts qu'on ne pense sur ce qui peut
troubler la paix de leurs Etats, & une indulgence peut-être encore plus grande à
dissimuler beaucoup de choses, sur lesquelles ils auroient pû prendre de fâcheuses résolutions. Comme ils sont prévenus que
toutes ces dissensions n'ont eu leur commencement & ne sont fomentées que par
les Jesuites, je dis les Jesuites seuls, car
tous ceux qui semblent être de leur parti
ne sont dans leur opinion, que des machines, qu'ils font joüer, & cela précisément
autant qu'il leur plaît, ils auroient pû
écarter ces bons Peres, sinon par violence,
du moins en faisant prier les Puissances, &
le Pape même de les retirer pour éteindre
ce feu. Et veritablement je ne sai quelle
bonne

bonne excuſe on auroit pû apporter pour
les en refuſer, quand ils auroient offert,
comme ils paroiſſent diſpoſez, de prendre
& de retenir un nombre égal d'autres Réguliers à la place des Jeſuites pour le ſervice des Catholiques. Il n'y a perſonne de
néceſſaire en ce monde, diſent-ils, mais
quand quelques-uns ſeroient plus uti-
les que les autres, le repos, & le ſalut de
l'Etat étant une néceſſité, à laquelle toutes les autres cédent, l'Autorité Souverai-
ne n'a beſoin ni de prieres ni de raiſons
pour faire cet écart, & en employant les
unes & les autres, il ſemble qu'on ne doit
point craindre de refus. Ils diſent que les
Jeſuites leur enlevent les corps & les ames
de leurs ſujets, au lieu que les autres ne
débauchent que les ames. Les autres Eccleſiaſtiques prêchent par tout la ſoûmiſſion, & la fidélité aux Puiſſances Séculieres, & ne les détournent que des croyances
contraires à la leur. Au lieu que l'activité,
l'adreſſe, & les vûës des Jeſuites ſont ſi
grandes, qu'ils diſpoſent ſouvent ſous prétexte de foi, encore de la fidélité des ſujets, & les engagent par leurs exhorta-
tions à mille choſes, dont pluſieurs peuvent aboutir, & aboutiſſent ſouvent à de
fâcheuſes conjonctures. C'eſt ainſi que
m'en parloit un jour une perſonne de qua-

O 3

lité,

lité, & vous pouvez juger, Monſieur, ſi ce diſcours a quelque vrai-ſemblance.

Au reſte comme il ſemble que la dépoſition de Monſeigneur l'Evêque de Sebaſte a en quelque façon ſatisfait ſes adverſaires, on n'entend pas de grands bruits depuis qu'il eſt hors de charge, ſoit que ceux-ci ne vouluſſent que cette dépoſition, pour n'avoir plus perſonne, qui les pût traverſer, ou que ce repos naiſſe d'autres ſources que je ne connois pas. Le ſubſtitué au Vicariat a eu le malheur dès la premiere entrée en ſon emploi d'offenſer Meſſieurs les Etats, qui ne le veulent point recevoir. Le recours au Nonce de Cologne, ou à l'Internonce de Bruſſelles pour toutes les affaires de la Miſſion eſt ennuyeux. Les Janſeniſtes demandent un troiſiéme, qui ne ſoit pas préciſément un de leurs adverſaires déclarez, comme ils diſent qu'étoit devenu le dernier ſubſtitué au Vicariat, & on attend ce que Rome décidera là-deſſus.

Le ſentiment des déſintereſſez & d'une autre Religion que la Catholique Romaine, eſt à peu pres celui de Meſſieurs les Etats. Les Jeſuites ont le malheur que dans quelque cauſe qu'ils ſoient mêlez les Proteſtans ſont toûjours prêts à leur donner le tort. Ils ſe font honneur de cette averſion des héretiques, comme ils diſent. La choſe iroit encore mieux pour eux s'il n'y n'y avoit que les seuls ennemis de nôtre Religion, qui eussent mauvaise opinion d'eux, mais ils doivent autant à leur savoir faire, & à leur crédit qu'à leur vertu, que bien des Catholiques ne parlent pas contr'-eux aussi haut que les Protestans. Le savoir faire & le crédit sont d'ailleurs, comme vous savez, des preuves fort équivoques d'une bonne cause. Je finis cette lettre par l'imprécation dont les vieilles gens accom-pagnoient tous leurs discours, Dieu nous veuille donner sa sainte paix & bénedic-tion. Je suis,

MONSIEUR,

De la Haye.

Vôtre très-humble.

 REFLE-

REFLEXIONS

SUCCINTES

Sur la

Lettre d'un Catholique Romain à un de ses amis d'Italie touchant l'etat present des Catholiques Romains en Hollande.

OUï, Monsieur, j'ai lû la *Lettre d'un Catholique Romain* &c. dont vous me parlez. Je n'en connois pas l'Auteur ; mais quel qu'il soit, il me semble qu'il eût mieux fait de demeurer dans le silence, que de parler d'une affaire dont il n'est pas assez instruit, comme il le reconnoît lui même.

Il débute d'une maniére qui ne paroît pas fort honête pour un Catholique Romain ; en donnant aux uns & aux autres de ses freres le nom de *Parti* & de *Faction*. Il doit savoir qu'on ne peut appliquer ces noms séditieux à des fidéles, tant que l'on demeure de part & d'autre attaché à la même Eglise. La division qu'il peut y avoir entr'-
eux

eux touchant quelque point de doctrine &
de discipline, n'est pas un motif suffisant
pour les deshonorer par ces noms odieux,
tant qu'on les voit tous soûmis aux déci-
sions de l'Eglise ; quoi que la charité paroisse blessée en quelque chose. Que si
dans quelque rencontre on parle du Parti
Moliniste, il est clair qu'on ne le fait
que pour repousser les calomnies des Jesuites, qui appellent, *Gens de cabale*, *Parti
des Jansenistes*, tous ceux qui ne donnent pas
dans leurs opinions sur la Morale ou sur la
Grace. Mais un homme qui veut paroître
indifferent, & qui se plaint que la charité est
blessée dans ces disputes, ne devroit nullement se servir de ces expressions.

Il a raison de dire que les Jesuites ont tort
d'appeller héretiques ou Jansenistes, leurs
adversaires : puis qu'il ne s'agit point de la
foi dans toute leur dispute. Mais ce qu'il
dit indifferemment des uns & des autres,
que l'animosité est si grande parmi eux,
qu'on est à la veille d'en venir à des violences & des massacres, ne paroît pas assez juste. Car a-t-il des preuves de l'animosité des
prétendus Jansenistes, comme il dit qu'il
en a de celle des Jesuites? A-t-il entendu
quelque Janseniste *protester avec un emportement furieux d'être prêt & de souhaiter même de
devenir dans le moment le bourreau des Jesuites?*
comme il assure avoir ouï de ses oreilles les

zelez des Jesuites le protester dans une conversation à l'égard des prétendus Jansenistes. A-t-il entendu dire à ceux-ci, *Qu'il ne faloit rien attendre du salut des* Jesuites, & qu'ils *font tous obstinez comme des Diables?* C'est ce que les zelateurs des Jesuites lui ont répondu contre leurs adversaires. On fait d'ailleurs beaucoup d'autres discours emportez, beaucoup d'insultes, beaucoup de menaces de ces faux zelez, & on défie qui que ce soit d'en marquer aucune de ceux du Clergé qu'ils n'aiment pas. S'il n'a rien appris d'eux de semblable, comment peut-il les mettre dans un même rang? Cela n'est pas équitable.

Parmi les chefs d'accusation dont il prétend qu'on charge ceux du Clergé qu'il leur plaît de décrier, il y en a dont on n'a rien entendu jusqu'à présent; & plusieurs sont tels & exprimez de telle sorte, qu'on ne voit point ce qu'on veut y reprendre.

Pour moi je ne sai d'où il a appris qu'on les accuse de détourner les intentions des bonnes ames &c. & la réponse qu'il leur prête sur cette calomnie est assez maligne. Car ils avouënt, selon lui, qu'ils détournent les intentions de ceux qui ont fait des aumônes considérables; mais qu'ils emploient ces Capitaux à d'autres œuvres pieuses. Tout cela me paroît inventé à plaisir. Des accusations de cette nature devroient

être

être accompagnées de preuves bien circonſ-
tantiées : & juſqu'à ce qu'on en ait produit de telles (ce qu'on ne fera jamais) on
doit traiter cela de pure calomnie.

Cet écrivain ſemble avouër que pluſieurs
Paſteurs de cette Egliſe batiſent les enfans
en langue vulgaire. Cette accuſation eſt
une calomnie dans la bouche de ceux qui
croient que ce ſeroit un crime de le faire,
ſi en effet on ne le fait point. Or M. de
Sebaſte nous apprend, p. 205. de ſes Réponſes, qu'il ne connoît perſonne qui ba-
tiſe ainſi en langue vulgaire.

Je ne ſai ſi beaucoup de gens goûteront
ce que dit cet Auteur touchant la Conception Immaculée, & l'état des enfans qui
meurent ſans batême. Quoi qu'il en ſoit,
il ne peut y avoir en cela de quoi faire un
crime à perſonne. D'ailleurs les Paſteurs
ſont ſi circonſpects ſur ces matiéres, que
je ne croi pas que cet homme puiſſe avoir
de bounes preuves , qu'aucun ait dit ou
prêché quelque choſe contre la Conception
Immaculée. On ſe borne ordinairement à
dire que ce n'eſt pas un article de foi ; que
pluſieurs le croient pieuſement. On ſe conforme aux derniers Décrets des Papes ſur
ce point. Qu'y a-t-il en cela de reprehen-
ſible ?

Differer ou accorder mal à propos l'abſolu-
tion, dit-il, & ſcandaliſer les conſciences par
des

des interrogations trop chatouilleuses, peut être plûtôt le défaut d'un Ministre malhabile que mal intentionné. Le principe est très-veritable en lui-même ; cependant on ne peut s'empêcher d'accuser celui qui l'avance dans les circonstances de la Lettre, de prendre part à la calomnie des adversaires du Clergé, & de l'autoriser en quelque façon. Car on ne sauroit lire cet endroit, qu'on ne croye qu'il y a effectivement plusieurs de ces Ministres malhabiles, qui ont donné lieu à l'accusation. C'est pourtant une pure calomnie, & on a toûjours défié les accusateurs d'en apporter aucune preuve. Jusqu'à présent ils sont dans le défaut. Comment donc un homme qui veut paroître indifferent, comme l'Auteur de la Lettre, a-t-il pû faire entendre que l'accusation n'est pas sans fondement, mais qu'il faut l'attribuer plûtôt à une malhabileté, qu'à une mauvaise intention ? Si vous connoissez cet Auteur, je vous prie, Monsieur, de lui dire & de lui faire bien entendre, qu'il n'y a aucun de ceux que l'on accuse de ce fait, qui n'improuve toutes sortes d'interrogations qui pourroient causer le moindre scandale. Ils se croyent, à la verité, obligez d'instruire les gens, à l'exemple de S. Paul, de S. Augustin & des autres Peres, sur les devoirs de l'honêteté & des gens mariez, mais c'est toûjours d'une

maniére

maniére fage & avec beaucoup de retenuë. Rien dans leur conduite n'approche des contes & des fables que les ennemis de la méthode de S. Charles Borromée ont fait courir fur ce fujet. Tout ce qu'on débite làdeflus eft fi deftitué de vrai-femblance, qu'il paroît que ceux-là feuls peuvent y être pris, qui veulent bien fe tromper eux-mêmes. Eh plût à Dieu que les accufateurs fuflent fur ce point aufli fages, aufli retenus, aufli modérez, aufli circonfpects dans le facré Tribunal de la Pénitence & ailleurs, foit pour les paroles ou pour les actions, que ceux que l'on veut noircir par ces accufations calomnieufes.

Si la malignité de l'homme peut avoir une grande part dans le décri des opinions & des Auteurs d'une morale relâchée; la corruption du cœur humain & le déreglement perfonnel peuvent aufli porter à trouver mauvais qu'on le fafle. Je n'en accufe pourtant pas l'Auteur; je ne le connois pas. Il eft étranger dans ces païs-ci, dit-il. Il femble qu'il eft Prêtre, & il ne lui plaît pas de nous apprendre ce qui l'a appellé dans ces Provinces.

Mais il paroît ne pas aflez bien connoître l'état des chofes, s'il croit effectivement qu'il ne foit plus néceflaire de crier contre les relâchemens. Les Evêques de France affemblez en 1700. n'en étoient pas perfuadez, suadez, puis qu’ils se sont crûs obligez à censurer de nouveau plus de six-vingts propositions déja censurées par les Papes, les Evêques & les Facultez de Théologie, & d’en flétrir plusieurs toutes nouvelles. Et nonobstant ces Censures si recentes. on voit les pernicieuses maximes de la Morale corrompuë reprendre tous les jours de nouvelles racines. Témoin les differentes Censures des Evêques d’Arras, de Tournai, de S. Omer, d’Ipres, contre les PP. Saladin & Bernard Recollets, & les PP. Gobat & Taverne Jesuites, publiées l’année passée. L’ennemi n’est pas seulement à la porte, mais il est au milieu des fidéles, & il n’y fait que trop de ravage; comment donc peut-on trouver mauvais qu’on avertisse les Chrétiens de veiller de peur de se laisser surprendre par les ruses de l’esprit malin?

Que s’il y avoit lieu de craindre que la Lettre ne fît impression sur l’esprit de quelques personnes, ne devroit-on pas s’élever avec force contre l’opinion scandaleuse qu’on y avance touchant le jurement du Formulaire. On en a horreur à la premiére lecture. *Bien loin, dit il, de m’exposer à la moindre persecution, je signerois mille Formulaires, & envoyerois autant de fois Jansenius au Diable, sur la foi de ceux qui me commandent de dire qu’il est hérétique; sauf à lui faire*

faire connoître au jour du Jugement universel la malignité & l'hypocrisie (s'il y en a) de ceux qui se sont donnez tant de peines, & formé tant d'intrigues pour obtenir cette déclaration.

Quant aux droits des Chapitres ils me paroissent si bien établis dans les Ecrits faits à ce sujet, que tous les raisonnemens de cet Auteur ne peuvent les ébranler. *Leurs élections & leurs provisions, dit-il, se font toutes faites entr'eux.* Mais dans une grande partie des Chapitres des païs où la Religion Catholique domine, les Chanoines remplissent eux-mêmes par le choix qu'ils font, les Dignitez & plusieurs des Canonicats ; ce qui a lieu principalement dans les Cathédrales, pour les neuf Chanoines qu'on appelle graduez : en sont-ils pour cela moins des Chapitres réels que ceux où les Rois nomment aux Dignitez & aux Prébendes?

Les Papes ont toûjours nommé pour gouverner cette Eglise un de ceux que ces Chapitres leur avoient présentez. Faut-il d'autres preuves pour montrer qu'ils les ont reconnus pour de veritables Chapitres? Est-il croyable que les conventions faites entre les Vicaires Apostoliques & les Chapitres ayent été inconnus à Rome? Le silence des Ministres du S. Siége sur ces conventions, est plus qu'une demi-preuve qu'ils reconnoissent la réalité des Chapitres.

Leur

Leur vigilance ſur ce qui pourroit être contre le droit commun & à leur préjudice, eſt aſſez connuë. Ils n'ont pas coûtume de ſouffrir que des Egliſes ou des Chapitres, s'attribuent des droits qui ne leur appartiennent pas ; encore moins s'ils ont eux-mêmes des prétenſions ſur ces droits. Mais s'il faut encore quelque choſe de plus poſitif, il n'eſt pas difficile de le produire. On a en main des Actes par leſquels Urbain VIII. & Alexandre VII. reconnoiſſent la réalité de ces Chapitres. On doit être content avec cela ; & il eſt clair qu'on ne peut plus que de mauvaiſe foi, conteſter leurs prétenſions.

Il ſemble dans la ſuite qu'il raiſonne de cette ſorte : Ceux qui prétendent compoſer ces Chapitres pourvoyent au long & au large à tout dans les Provinces-Unies : donc ils ne ſont pas des Chapitres des Egliſes particuliéres. On ne voit pas comment il a pû tirer cette conſéquence. Les Chapitres des Egliſes particuliéres d'Utrecht & de Harlem ſe ſont toûjours maintenus : & voyant que les Chapitres des autres Diocéſes voiſins ont manqué, ils ont conformément aux Canons & a l'eſprit de l'Egliſe, pris ſoin de pourvoir le mieux qu'il leur étoit poſſible aux beſoins de ces Egliſes abandonnées. Les Superieurs Eccleſiaſtiques ont toûjours approuvé leur conduite

te sur ce point. Il est vrai qu'il n'y a qu'un Evêque pour tous ces Diocéses, & qu'on le nomme ordinairement Vicaire Apostolique : mais l'on a fait voir clairement dans les Ecrits, que la nécessité où l'on étoit à cause du changement arrivé en ces Provinces, a dû faire prendre cette voye ; & que le Vicaire Apostolique n'a reçû l'Ordination Episcopale, que pour gouverner les Eglises de ces Provinces-Unies, quoi que sous un autre titre. Tous les Prêtres de ces Provinces les ont toûjours regardez comme leurs Chefs & leurs vrais Pasteurs ; & c'étoient ces Evêques qui étoient les dépositaires de la Mission Apostolique & de l'autorité de l'Eglise pour employer les Ecclesiastiques dans le Gouvernement des Eglises particuliéres & la conduite des ames.

Aussi n'a-t on jamais vû ce que nous voyons de nos jours, qu'aucun Vicaire Apostolique ou Evêque de l'Eglise Catholique de ces Provinces ait été déposé de sa charge. Lors qu'il est arrivé que quelqu'un d'eux est tombé dans l'impuissance d'en faire les fonctions, les Ministres du S. Siége procédant alors selon les Canons, ne lui ont pas substitué un autre Pasteur en chef, mais lui ont donné un Coadministrateur. Ce qui fait voir évidemment que les Romains avoient une autre idée de l'état de cette Eglise, que n'en ont les ennemis de M. de Sebaste.

Que si pour le bien de la paix ce Prélat vouloit bien condécendre à se démettre de sa charge, il paroît évident que les Chapitres auroient droit de prétendre, que c'est à eux qu'il appartient d'élire & de nommer à Sa Sainteté celui qu'Elle voudroit honorer de la qualité de Vicaire Apostolique. Et c'est à l'Auteur de la Lettre une grande injustice de vouloir, que parce que les esprits sont aigris, on puisse dépouiller les Chapitres de leurs droits; & leur donner pour Pasteur, Chef & Evêque un des plus passionnez adversaires de M. de Sebaste & des principaux Ecclesiastiques du Clergé. Loin que ce soit un moyen propre pour rétablir la paix, au contraire il ne peut qu'y allumer de plus en plus la division; & contribuer à rendre cette Eglise esclave des ennemis déclarez du Clergé, & de ceux qui les protegent à la Cour de Rome.

Cet Ecrivain pour donner quelque couleur de justice à l'expédient qu'il suggére, prétend que M. de Sebaste a été oui, examiné & jugé à Rome dans les formes. Mais la Sentence qu'on y a renduë n'est qu'un simple décret de l'Inquisition, & il est incontestable qu'il n'a jamais été ni ouï, ni examiné à ce Tribunal; qu'il s'est justifié ailleurs de toutes les accusations formées

contre

contre lui, & que tout ce qu'on a fait contre fa perfonne & contre fes Ecrits, s'eft fait par furprife & contre les formes.

Cet Ecrivain n'a pas auffi fait affez de réfléxion fur la foule d'exemples des furprifes que l'on a faites fi fouvent aux Papes les mieux intentionnez. Et comme on a démontré clairement que c'eft par une furprife femblable, que M. de Sebafte a été condanné, jufqu'à ce que fa caufe ait été examinée de nouveau par des Juges competans & défintereffez, on a droit de regarder comme nul & de nul effet ce qui s'eft fait contre lui, conformément à l'efprit & à l'intention des Papes mêmes, qui felon les preuves qu'il y en a dans le Droit Canon, ont confenti qu'on n'executât pas leurs Refcrits, fi l'on trouvoit qu'ils ne fuffent pas conformes à la juftice, ou qu'ils portaffent préjudice au droit d'autrui, ou enfin fuffent plus propres à détruire qu'à édifier. Les Refcrits d'Alexandre III. de Gregoire VII. & des autres Papes font trop communs, pour qu'il foit néceffaire que je vous les décrive ici.

Les preuves que l'on a apportées de tout cela dans beaucoup d'Ecrits, font fi fortes, qu'il eft inconcevable comment cet Auteur veut faire croire, que la caufe de M. de Sebafte & du Clergé eft au moins douteufe, même dans l'efprit de ceux qui la foûtien-

nent.

nent. Il peut ſavoir ce qui ſe paſſe dans ſon eſprit : mais il ne peut ſans témerité fouïller dans l'eſprit des autres, ni avancer ſans une viſible injuſtice, qu'une choſe leur eſt douteuſe, lors qu'ils aſſûient avec toute la confiance poſſible qu'ils la croient inconteſtable.

Il prétend encore que des Paſteurs ont eu recours aux Puiſſances Seculiéres qui ne ſont pas de la même Religion, pour faire chaſſer quelques Eccleſiaſtiques, & pour ſe maintenir contre les Décrets de Rome. Il le dit ſans preuves, & on le défie d'en produire aucune. Mais quand ils l'auroient fait, comme ce n'eſt point pour ſe faire donner un nouveau droit, mais pour être maintenus par proviſion dans leur poſſeſſion legitime, & pour ſe défendre contre des voyes de fait, on ne pourroit les blâmer d'avoir recours à l'Autorité legitime des Superieurs. Il eſt même fort naturel que leurs Hautes Puiſſances voyant que les troubles augmentoient tous les jours, ſe ſoient faites informer, & ayent fait faire des recherches pour connoître qui en étoient les principaux Auteurs : & que les ayant découverts, ils ayent trouvé à propos de leur ordonner de ſe retirer. Cela eſt de la prudence & du bon ordre, ſans qu'il ait été néceſſaire que perſonne du Clergé ait ſollicité ces ordres. Noſſeigneurs les Etats
n'on

n'ont fait en cela que ce que le Droit Divin accorde à tous les Princes à l'égard des perfonnes féditieufes & rebelles, & ils ont fuivi les exemples des plus grands & des plus faints Rois & Empereurs de l'Antiquité.

Au refte l'Auteur de la Lettre juftifie pleinement les prétendus Janfeniftes fur ce qu'il appelle la grande affaire & le point capital, qui eft la doctrine de la Grace, & de la mort de Jefus-Chrift pour tous les hommes, fur laquelle eft fondée l'accufation de Janfenifme. Et cela même fait voir l'injuftice du moyen qu'il propofe pour rétablir la paix. Car il eft injufte de vouloir qu'on puniffe & qu'on châtie par des peines très-réelles & très-grandes, des perfonnes qui ne fe trouvent coupables que de crimes imaginaires, ou de fautes très-petites. C'eft vouloir que l'on porte des fentences femblables à celle de Pilate, qui reconnoiffoit l'innocence du Sauveur, & cependant le condanna pour fatisfaire la haine des accufateurs.

Voilà, Monfieur, les Réfléxions que j'ai faites en lifant la Lettre fur laquelle vous me demandez mon fentiment. Je fuis très-fincérement, Monfieur,

Tout à vous.

Ce 7. Novembre 1704.

P 3

AVIS

A V I S

D U

L I B R A I R E.

ON fait suivre à ces lettres les Réfléxions qu'on vient de lire, & la Repon-
se aux mêmes Réfléxions. L'Auteur du
Voyage, ayant fait imprimer à la Haye
quelque temps après son arrivée la douzié-
me des Lettres qui sont ci-dessus, un in-
connu y fit des Réfléxions, & comme ces
Réfléxions ne furent point vûës par
l'Auteur, qui étoit déja parti de la
Haye quand on les publia, un sien Ami
y fit la Réponse qui les suit. L'un &
l'autre de ces écrits regarde la matiére
qui est traitée dans les deux dernieres
lettres, & y donne de nouveaux éclaircissemens. C'est ce qui a fait qu'on a
jugé à propos de les imprimer.

RÉPON-

RÉPONSE

aux

Réfléxions succintes sur la Lettre d'un Catholique Romain à un de ses Amis d'Italie touchant l'Etat présent des Catholiques Romains en Hollande.

MONSIEUR,

LE départ de l'Auteur de la Lettre, sur laquelle vous m'envoyez vos Réfléxions, ou celles de quelque autre de vos Amis, est cause qu'elles ont été si long-temps sans réponse, car apparemment elles ne lui ont pas été envoyées, ou si elles lui ont été envoyées, il n'a pas jugé à propos de rien écrire, & de se plus mêler d'une chose, à laquelle il n'a eu interêt qu'autant qu'il a été ici. Toutefois comme il m'a souvent parlé de cette affaire, & que je suis pleinement informé de ses sentimens ; que d'ailleurs sa reputation m'étant chere,

j'ai

j'ai quelque peine à fouffrir qu'il paffe dans l'efprit de quelques-uns pour n'avoir pas cherché à donner à tout le monde toutes les fatisfactions, qu'on a pû raifonnablement attendre de lui, je hazarde cette Réponfe à vos réfléxions, dont vous ferez tel ufage qu'il vous plaira, après vous avoir protefté de ma fincérité, & de la difpofition, où nous fommes, lui & moi de n'offenfer perfonne, qu'autant qu'il eft néceffaire, & qu'il eft permis à chacun pour conferver fa propre reputation.

Vôtre Auteur paroît dès la premiere periode s'ériger en Juge, & blâmer la conduite de celui qui a écrit la lettre qu'il condanne abfolument, voulant qu'il *eût mieux fait de demeurer dans le filence que de parler d'une affaire, dont il n'eft pas affez inftruit, comme il le reconnoît lui-même.* C'eft être un peu trop chagrin ce me femble de ne vouloir fouffrir que des Rélations toutes parfaites de ce qui fe paffe dans le monde, & où plufieurs perfonnes peuvent prendre interêt. Et fi on ne veut abfolument fouffrir que des Hiftoriens dont les expreffions foient la pure verité, on fe met au hazard de n'en lire aucun, & de ne rien favoir du tout de ce qui fe paffe un peu loin de nous. Tous ceux qui écrivent dans la vûë d'informer le public, & qui le font après avoir pris un foin raifonnable de décou-

couvrir ce qui en est, quoi qu'ils ne disent
pas tout ce qu'on peut dire, & tout ce qui
est en effet, meritent ce semble, au moins
quelque pitié, & qu'on agrée leur bonne
volonté. Tous les ouvrages ne sont pas
parfaits, & il y a des ébauches, qui ont
leur prix, quoi que les desseins ne soient
pas achevez. Il semble même que dans le
siécle, où nous sommes, on aime mieux
en matiere d'Histoire de certains abregez,
qui donnent une idée raisonnable des affaires, que des détails ennuyeux de mille
faits, & circonstances inutiles, qui n'en
donnent guere d'autre idée que celle qu'on
on en a pris par la lecture des sommaires. On
pouvoit donc tenir conte à l'Auteur de la
lettre de sa Rélation pour quelque chose,
puis que si elle ne contient pas tout ce qui
se pouvoit dire sur la matiere, elle semble
en dire assez pour donner une information
raisonnable de l'état des troubles qui sont
dans l'Eglise Catholique de Hollande.
Ajoûtez à cela comme l'Auteur s'est plaint
plusieurs fois à moi que les deux partis faisant
tout ce qu'ils peuvent pour ôter aux étrangers
la connoissance de leurs affaires, sont extrémément reservez à en parler, dans la crainte, peut-être, d'en trop dire à des gens qu'ils
soupçonnent également de venir pour épier
leur conduite en cette affaire.

Si donc sa Rélation est imparfaite, que
P 5

ceux

ceux qui s'en plaignent, accusent eux-mêmes leur réserve à l'en instruire. Car l'Auteur ne fait point de difficulté d'avouër que ce qu'il a écrit, est ce qu'il en a apris par-ci par la, & de la voix publique des amis, & des ennemis de chaque parti; son interêt ne l'engageant à autre chose qu'à écrire pour la satisfaction de quelques particuliers, ausquels il a adressé sa Relation. Cette réserve comme il me l'a avoüé quelquefois, fut le premier motif qu'il eut de se défier du bon droit d'une des parties, car s'étant ingénument ouvert à quelques uns de ceux, qui étant des principaux, pouvoient l'instruire pleinement de tout, leurs manieres mysterieules, & les défaites dont il vit qu'ils se servoient avec lui, lui firent concevoir quelques soupçons, dont les suites n'ont pas contribué à le guerir.

Il est vrai que le bruit, qu'il sût peu après qu'on faisoit courir, qu'il avoit été envoyé exprès pour prendre connoissance, & faire un rapport circonstantié de ce qui se passoit à ceux. qui ont l'autorité d'en connoître, pût être cause de cette retenuë en communiquant avec lui. Mais cela même ne donnoit-il pas lieu à de nouveaux soupçons, puis qu'en s'écartant ainsi de cette ingénuité & confiance que donne la justice d'une bonne cause, on laissoit former

mer une impreſſion d'autant moins avan-
tageuſe de ce refus, que cet homme étoit
crû pouvoir faire des rapports de très-
grande importance?

Que l'Auteur de la lettre ſoit *un Catholique malhonête en ce que parlant a ſes freres, il
donne aux uns & aux autres le nom de parti &
de faction.* La ſentence ne paroît pas moins
précipitée en cette accuſation que dans la
premiere, qui l'a condanné de témerité à
vouloir écrire. Car enfin il s'eſt expreſſément déclaré de ne faire tomber le nom de
faction que ſur *la paſſion humaine,* qui ſe remarque dans les uns & les autres dans la
pourſuite de leurs querelles, & ſur la *diviſion, qui fait voir qu'ils ne ſont pas unis par
une parfaite charité.* Quand la paſſion humaine, & la diviſion, qui empêche qu'on
ne ſoit uni d'une parfaite charité, ne ſeroit
que d'un côté, comme apparemment l'Auteur des Réfléxions pourroit bien en convenir, le mot de faction ne ſeroit pas ſi
mal appliqué qu'il le penſe, puis qu'au
moins il y auroit des factieux d'une part,
leſquels, ſelon le train ordinaire ſe donnant le droit & le tort à leurs adverſaires,
ne ſouffriroient pas que ceux-ci fuſſent traitez avec plus d'indulgence qu'eux mêmes,
& ainſi ou à droit ou à tort, on parleroit
de deux factions contraires, ſans choquer
les idées qu'on en a communément. Mais

pour

pour répondre à l'Auteur des Refléxions quelque chose de plus précis, quel nom veut-il qu'on donne à tant d'ouvrages, & de libelles diffamatoires, qu'on a lûs, & qu'on voit encore quelquefois sortir au jour contre les partisans & le parti des Jesuites, si ce n'est d'essors de plumes factieuses, & de décharges d'une bile terriblement animée? Veut-on absolument sanctifier toutes les démarches des Anti-Jesuites, de sorte qu'il n'y ait jamais eu la moindre irrégularité, qui ressentît le parti? La pensée de l'Auteur de la lettre n'a pas été d'accuser tous les particuliers des choses, qui lui ont donné sujet d'attribuer le nom de faction à l'un & à l'autre parti, mais pourvû qu'il y en ait des deux côtez quelques-uns, qui soient sortis hors des limites de la patience, de la charité & de la modération Chrétienne, il a eu sujet de parler de ces disputes comme d'une querelle de parti à parti, & qui est quelquefois arrivée jusques à des excès factieux.

Il ne conviendra peut être pas qu'*on ne puisse appliquer le nom de factieux* (car il ne s'est point servi, que je sache, du nom de *séditieux*, comme le suppose l'Auteur des Réfléxions) *a des fidéles, tant qu'on demeure de part & d'autre attaché à l'Eglise*, puis que dans la notion universelle, & dans son sens particulier, il n'y a aucune cause, pour

sainte

sainte qu'elle soit, qu'on ne puisse traiter avec de la passion humaine, & dans un esprit de division & d'aigreur qui n'est pas celui de la charité la plus parfaite: ce qui suffit pour qu'on puisse dire qu'il y ait des factions. Le nom que meriteroit un parti qui s'obstineroit après la Sentence de l'Eglise n'étant plus celui de factieux, mais d'Héretique formel, tant il est vrai que la faction peut subsister avec l'attachement & la soûmission à l'Eglise, tant que les parties se poursuivent mutuellement par des motifs de passion humaine, comme on ne peut gueres disconvenir que l'on ne fasse ici en beaucoup de choses si on veut parler sincérement.

On ne deshonore donc point les Jansenistes (en faveur desquels il paroît que parle l'Auteur des Réfléxions) par un nom trop odieux quand on dit qu'ils vivent dans un parti, au soûtien duquel quelques particuliers font paroître beaucoup de *passion humaine;* & même de celle qui est la plus opposée à la charité. Et il me souvient qu'une fois entr'autres l'Auteur de la lettre me témoigna d'être extrémément scandalisé d'un livre Latin fait exprès pour décrier la personne du nouveau Vicaire Apostolique, sous le nom de *Diotrephes,* & encore plus de ce qu'ayant témoigné ses sentimens sur ce livre à une personne du parti,

ti,

ti, lui témoignant combien il défaprouvoit cette conduite & la croyoit préjudiciable à leur caufe, il lui entendit dire que *fi on ne maintenoit le peuple par ces moyens dans l'averfion de leurs ennemis, ils fe verroient bien-tôt abandonnez de tout le monde.* Il eft vrai que celui qui fit cette réponfe n'étoit pas des importans pour fa fcience & fon caractere dans le parti: mais enfin ç'en étoit un, & un de ceux dont les difcours, & peut-être les ouvrages donnent lieu d'attribuer au parti le nom de faction. Je ne veux pas relever ici la belle parole de l'Auteur des Réfléxions, quand il dit qu'on ne doit pas deshonorer par des noms odieux ceux qu'on voit *foûmis aux décifions de l'Eglife.* Car en effet cette pleine & entiere foûmiffion eft la pierre de touche & le veritable caractere de ceux qui n'aiment ni difpute ni querelle. Mais que doit-on penfer des gens qui prêchent & qui écrivent de grands livres d'*Avis finceres,* pour faire connoître jufques où doit aller cette foûmiffion, & felon la doctrine defquels il femble qu'on n'en doit aucune à la décifion donnée dans l'affaire préfente?

L'Auteur des Réfléxions prête du fien à celui de la lettre d'avoir dit qu'il ne *s'agiffoit d'aucun point de foi dans toute la difpute:* puis qu'il eft évident qu'il affûre le contraire, au moins qu'il y en a un peu. Je
ne

ne croi pas pourtant qu'il eſtime une choſe de peu, ce qu'il peut y avoir ici de diſpu-te qui regarde la foi. Pour peu que la diſ-pute regarde la foi, ce peu eſt de plus gran-de importance que toutes les autres matie-res enſemble, ſur leſquelles on pourroit être partagé, & qui ne regardent que la diſcipline de l'Egliſe. Mais ſa penſée a été que les griefs, dont on charge les Janſeniſ-tes étant en grand nombre, & la queſtion de foi étant unique, celle-ci eſt peu en nombre à l'égard des autres, & ne fait qu'un ſeul ſujet de diſpute, pendant qu'on ſe que-relle ſur beaucoup d'autres.

Les Janſeniſtes cependant (que ceci ſoit dit une fois pour toutes; ſavoir, que l'Au-teur de la lettre ni moi ne prétendons par ce nom, de donner aucune atteinte à la réputation & à la Religion de ceux de leur parti en les appellant ainſi,) les Janſeniſtes dis-je, nonobſtant l'explication qu'on vient de donner au mot *de peu*, n'ont pas ſujet de ſe flater que ce peu de matiere de foi, qu'on dit être en diſpute entr'eux & leurs adverſaires ſoit conté pour peu de choſe par ceux-ci. Au contraire l'Auteur de la lettre a toûjours crû que c'étoit le ſujet ca-pital de la déſunion, & celui qui donnoit du relief à toutes les autres accuſations, qu'on fait contr'eux. Au moins eſt-il ſûr qu'il en a toûjours ouï parler en ce ſens par

tous

tous les partisans des Jesuites, qui ne consi-dérent les Jansenistes que comme de veri-tables héretiques, & pour les rendre plus odieux leur reprochent toutes les autres choses, qui servent de matiere à la dispute. Il est certain aussi, & ils peuvent en être sûrs, que les partisans des Jesuites sont pré-venus du même sentiment, savoir que les Jansenistes, ou ceux à qui ils donnent ce nom sont de vrais héretiques, qui n'usent de détours que pour nier la dette, & c'est ce que l'Auteur avoit assez insinué quand il se plaignoit comme d'un procédé contre la charité & la justice de donner le nom & traiter d'héretiques ceux qui n'étoient peut-tre éloignez que dans l'usage de quelque céremonie Ecclesiastique, ou dans quelque sentiment qui ne regarde aucun article dé-cidé. Et c'est ce dont Messieurs les Janse-nistes doivent être convaincus une fois pour toutes, & prendre leurs mesures là-dessus que quand ils se feroient purgez de toutes les autres accusations, celle-ci restera toû-jours en pied à leur être objectée, quelques protestations de Catholicité qu'ils puissent jamais faire. Il est difficile de croire que ces Messieurs ne se soient pas apperçûs de cet-te conduite de leurs adversaires, & que tout le parti qui leur est opposé ne pensera, & n'agira jamais avec eux, & contr'eux qu'en les reconnoissant & traitant en cette

qualité,

qualité, dont l'imputation juste ou fausse qu'elle soit, fait le plan & la matiere de leur triomphe.

Au reste l'on ne voit pas trop bien comme l'Auteur des Réfléxions puisse trouver mauvais que l'Auteur de la lettre se soit plaint des playes qu'on fait à la charité, parce qu'il a *protesté d'être, ou d'avoir voulu paroître indifferent dans la querelle*. Au contraire il semble que ce soit proprement les indifferens qui ressentent le plus vivement ces sortes de blessures : car comme dans la chaleur de la mêlée, les combattans transportez de l'ardeur de leur courage ne sentent point les coups qu'on leur porte, & ne commencent à les sentir veritablement qu'après qu'ils sont retournez à leur sang froid, pourquoi veut-on que ceux, qui y ont toûjours demeuré, ne puissent pas juger sainement de la qualité des coups qu'ils voyent que les combattans se portent reciproquement, & discerner où ils blessent, si c'est au cœur ou à la tête, s'ils frappent contre la charité ou la justice ?

Le reproche qu'on lui fait de même d'avoir mis *dans un même rang* les Janseniftes & les Jesuites, au sujet de l'aversion mutuelle des partis, seroit mieux fondé, si on avoit droit de prendre à la rigueur, ou de tirer telle conséquence qu'il plairoit à ce qu'il a avancé sur ce sujet. Il a dit que les *partis étoient si animez que les choses étoient à la veille d'en venir a des massacres, & qu'il y avoit des particuliers parmi les partisans des Jesuites, qui souhaitoient par un emportement furieux de devenir les bourreaux des Jansenistes.*

Il n'est nullement contre l'usage & la maniere de parler, quand il y a un parti formé dans une Ville, de dire que pour peu que la dissension s'échauffe on en viendra aux couteaux, puis que quand tout le reste de la Ville seroit en repos, & aimeroit la paix, il n'y a pas d'apparence que son indolence dût arriver jusques à se laisser égorger sans opposer la moindre résistance. Cela est vrai, même à la rigueur, quand il n'y a qu'un parti qui aime le trouble, & cherche à insulter à ses adversaires, qui sont tous les amateurs de la paix, combien sera-t-il plus vrai, quand on voit de deux côtez des insultes reciproques, & que les discours écrits & imprimez témoignent de l'aigreur & de l'aversion? L'Auteur a donc pû dire qu'il y avoit à craindre plus que des disputes en voyant les choses dans cet état, d'autant plus qu'il n'a raporté que les emportemens d'un seul parti, qui n'est pas celui pour qui l'Auteur des Réfléxions a pris la plume.

Que l'on ait rapporté parmi les chefs *d'accusation* des choses *dont on n'a rien entendu jusqu'à présent*, il y auroit de la mauvaise

vaiſe foi s'il étoit vrai qu'on en eût accrû le nombre par ſimple gayeté de cœur : mais étant très-ſûr que l'Auteur de la lettre n'a rien avancé que ce qu'on lui a dit & rapporté touchant les ſujets de la diviſion, il eſt étonnant que ceux qui en ſont chargez, ne les connoiſſent point, ou veüillent faire ſemblant de ne les pas connoître. On pourroit croire le premier, en ſuppoſant ce dont eux-mêmes ſe ſont plaints ſi ſouvent, ſavoir que non ſeulement on étudioit malicieuſement leur conduite pour leur en faire querelle, mais même qu'on leur imputoit beaucoup de choſes, dont ils ne convenoient point, ou dont ils n'étoient nullement coupables. Et cela ce me ſemble ſuffit pour ne pas ſuppoſer le ſecond cas, dans lequel ils veulent nier ce dont ils ſavent qu'on les accuſe.

Au reſte je crois pouvoir aſſûrer pour l'Auteur de la lettre qu'il ne ſe porte nullement pour garent de la verité des accuſations, qu'il a rapporté, puis qu'il n'en a parlé qu'en Hiſtorien, & qu'il n'a écrit que ce que des perſonnes, qui lui ont paru dignes de foi, lui ont raconté ſur ces matieres. Ce qui juſtifie encore davantage ſon ingénuité en cela eſt qu'il a témoigné aſſez ouvertement qu'il ne prêtoit pas une grande foi à toutes ces charges, ou qu'il ne les croyoit pas d'un grand relief contre la conduite de ceux qui en étoient chargez, puis qu'il écrit positivement *qu'il les croit affez raisonnables pour revenir de l'éloignement où ils font des ufages de l'Eglife, & pour diffimuler leurs fentimens par un refpectueux filence fur des chofes que l'Eglife n'a point encore décidées,* quand même il feroit vrai qu'ils fuffent coupables (*comme l'on dit*) des défordres qu'il ne fait que rapporter.

Que s'il a exprimé quelques-uns de ces prétendus *défordres en une maniere qu'on ne voit point ce qu'on y peut reprendre.* Il femble qu'on peut dire pour fa juftification, qu'il ne fait que fuivre en cela & parler felon l'idée des accufateurs, aufquels il eft fort facile, que les chofes ne paroiffent pas auffi innocentes qu'à ceux *qui ne voyent point ce qu'on y peut reprendre.* Ces Mffieurs ne peuvent ignorer combien un z le hypocrite & malin peut tirer d'avantage aupres des efprits foibles de certaines accufations, par lefquelles en ne chargeant les perfonnes d'aucun crime réel, on les noircit néanmoins, & même avec un décri très-fâcheux fur des chofes qui n'ont rien que de très-innocent. Combien de perfonnes y a-t il aufquelles la moindre parole contre l'Immaculée Conception fait horreur, & qui regardent comme des monftres ceux qui témoignent de ne la pas croire ; quoi qu'il n'y ait jufqu'à préfent aucune décifion de l'Eglife qui oblige de la défendre ? Combien y a-t-il d'a-
mes

mes qui se croyent fort pieuses, & qui pré-
venuës de la Théologie du Cardinal de
Sfondrati sur l'etat des enfans morts sans
batême, se récrieront avec le dernier emportement contre ceux qui témoigneront de
n'en être pas persuadez, & s'en formeront
une idée comme de gens dénaturez, qui
attribuent à Dieu une cruauté digne de
toute sorte d'execution ?   Il n'y a même
rien de plus ordinaire dans la conduite de
certaines gens, que de remplir, sous prétexte d'une connoissance & d'une estime plus
parfaite des œuvres de Dieu,   l'imagination des simples d'opinions extravagantes,
desquelles il est quelquefois aussi dangereux
de les vouloir désabuser, que de leur pro-
poser des hérésies, tant leur esprit est prévenu, sans qu'il serve de leur remontrer
que semblables opinions n'étant que des
imaginations pieuses, n'obligent à aucune
foi, & qui même souvent peuvent conduire à l'erreur. Les condannations, qui
ne sont pas rares à l'Inquisition même de
Rome de livres pleins de semblables idées
d'une dévotion grotesque,   font assez connoître qu'il y a des Directeurs, qui non
seulement les débitent dans les discours particuliers, mais qui s'appliquent avec étude
& travail à les accréditer dans des livres rai-
sonnez ; ce qui a cours jusqu'à ce que le
coup de balai ait déchiré toutes ces toiles

Q 3

d'araid'araignées, qui aux yeux des ignorans sembloient comme de belles tapisseries orner si richement l'Eglise de Dieu. Tout ceci, ce me semble, va à prouver qu'on pouvoit passer à l'Auteur de la lettre ce qu'il a écrit de certaines imputations, dont leurs adversaires chargent les Jansenistes, quoi que ceux-ci ne trouvent, & *ne voyent point ce qu'on y peut reprendre*, puis que sans les croire coupables il n'a fait que rapporter ce qu'on lui avoit dit d'eux.

Il n'a pas témoigné une plus mauvaise opinion de leur conduite, quand il a rapporté que leurs mêmes adversaires les accusent de détourner certaines aumônes destinées à des offices particuliers de piété : car bien *loin de leur prêter par une pure calomnie une excuse maligne* sur ce fait, il proteste au contraire, après avoir rapporté ce dont on les charge, qu'*ils se plaignent qu'on leur prête ce vol*, c'est à dire qu'ils le nient absolument, & que *si on étoit bien informé de l'état des capitaux destinez à ces pieux emplois on les excuseroit plûtôt que de les condanner.* Il confesse d'avoir ouï cette précise excuse de la bouche de quelques-uns d'eux, savoir que certains capitaux destinez pour une particuliere œuvre pieuse, ayant été ou déteriorez, ou tout à fait perdus, comme peuvent être des maisons brûlées, dont le loyer étoit affecté à l'œuvre pie, il étoit
impos-

impoſſible à celui, qui étoit chargé de l'ad-
miniſtration de ces capitaux, de ſatisfaire à
l'intention du Légataire, en quoi aſſûrément il ne peut être coupable, ni plus à
blâmer que celui, qui ne payeroit pas de
ſon Patrimoine la dette d'un autre.

Encore une fois l'Auteur de la lettre en
rapportant les griefs, dont on charge les
Janſeniſtes, tels qu'il les a ouïs de la bouche
de leurs adverſaires, n'a jamais prétendu de
leur donner aucun relief, ou crédit: Au
contraire comme ſa penſée a été uniquement
de raprocher les parties, en dimi-
nuant, & interprétant favorablement autant
qu'il a pû les ſujets de la deſunion, il ſemble
qu'à meſure de l'eſprit de paix qu'il ſouhaite à tous, les Janſeniſtes en particulier
devoient lui tenir un peu conte de cet adouciſſement, qu'il a tâché d'apporter, au lieu
de le faire reſponſable lui-même, & même
de lui reprocher qu'il a voulu les charger
plus que leurs adverſaires même ne les ont
chargé.

C'eſt avec la même ingénuité qu'il a rapporté & qu'on lui a dit de quelques Paſteurs, qui batiſoient en langue vulgaire, ſans
prétendre convaincre perſonne de l'avoir
fait. S'il a paſſé aux accuſateurs que la
choſe ait été faite, ce n'a été que pour l'a-
doucir par l'interpretation favorable d'une
bonne intention, ou tout au plus, d'un ca-

 pri-

price particulier, qui n'a pû nuire à la validité du Sacrement. Quand de même il rejette fur le peu d'habileté des Miniftres du Sacrement de Pénitence les defordres qu'on leur attribuë dans l'exercice de leur Miniftere, il *ne prend de même aucune part a la calomnie des Adverfaires du Clergé*, & ne prétend de *l'autorifer en aucune façon*, mais fuppofée la verité de l'imputation, fi elle fe trouvoit telle, il a tâché de diminuer la faute par la plus favorable interpretation qu'on lui puiffe donner. On pro'efte d'avoir *défié tout le parti des accufateurs d'en apporter aucune preuve, & que jufqu'a préfent il eft dans le défaut* de l'avoir fait. Dieu foit loué que la faute n'ait jamais été commife : mais il fera difficile à perfuader à tout le monde, que jamais on n'ait refufé aucune abfolution, & qu'aucune perfonne n'ait jamais dit au fortir du Tribunal de la Pénitence qu'on lui avoit fait des interrogations chatouilleufes. Il eft fûr, felon la penfée même de l'Auteur de la lettre, qu'on peut & qu'on doit quelquefois fufpendre, & differer l'abfolution à certains pénitens, & qu'il faut faire toutes les interrogations néceffaires pour découvrir l'efpece du peché. Mais l'exercice de ce devoir, qu'on admet comme indifpenfable, n'eft il pas fuffifant pour donner en quelques occafions lieu aux plaintes bien ou mal fondées, dont il eft queftion, & pour

jufjustifier celui, qui écrit qu'il a ouï que quelques-uns s'etoient plaints ou à droit ou à tort ? Le défi, qui ne se voit suivi d'aucune accusation particuliere, ne semble pas prouver évidemment le contraire. Car enfin quelle est la personne, qui voulût aller déférer le Confesseur dans l'un, ou dans l'autre de ces cas, puisque pour se justifier de la verité de son imputation elle seroit contrainte de révéler des choses, qui demandent le plus le secret ? Ce qui semble le plus raisonnable dans ces rencontres est de passer son chemin & aller son train dans l'exercice des fonctions du Tribunal de la Pénitence, sans relever, ou se mettre en peine de bruits, qu'on en peut faire, & qui ne viendront jamais de personnes qui ayent une grande crainte de Dieu, & contre lesquels par conséquent on ne gagne rien à roidir, & à se vouloir justifier.

Le décri des Casuistes rélâchés est une autre matiere, sur laquelle il a plu à l'Auteur des Réfléxions de se mettre en une encore plus mauvaise humeur, & venant au *déréglement personnel* il semble croire qu'il peut bien avoir *porté* l'Auteur de la lettre *à trouver mauvais*, qu'on se récrie contre la corruption. L'accusation pourtant n'est pas directe ; car ce seroit, comme on dit, prêcher l'abstinence le ventre plein, & reprendre les autres du même peché que l'on com-

Q 5

met :

met. *Il eſt étranger, dit-on: On ne le connoît point, & on ne ſait pour quelle fin il eſt venu dans ces Provinces.* En voilà bien aſſez pour ne rien précipiter en matiere d'accuſation. Et plût à Dieu que ceux à qui on feroit plaiſir de le décrier, en euſſent uſé avec cette réſerve, ils n'auroient pas appris à le connoître pour ce qu'il eſt véritablement, après l'avoir fait malicieuſement paſſer pour tout autre quand ils ne le connoiſſoient pas. Mais quoi qu'il en ſoit de ſa perſonne, qu'il importe peu de connoître, venons au fait. Il *ne connoît pas aſſez bien*, dit-on, *les choſes, s'il croit effectivement qu'il ne ſoit plus néceſſaire de crier contre les relâchemens.* Il les connoît, & convient ſans aucune difficulté du devoir & de l'obligation indiſpenſable des Paſteurs de crier contre le rélâchement. Et qui n'en conviendroit pas s'il eſt Chrétien, & s'il aime la verité qui eſt Jeſus Chriſt même? Mais c'eſt contre les Auteurs du rélâchement, ou pour parler plus préciſément, c'eſt contre une certaine ſorte de gens, qu'on croit quaſi tous coupables ou complices de ce rélachement, qu'il a crû qu'on pourroit quelquefois épargner ſon zele, & ſe contenter de tuer le mal ſans tuer le malade, d'attaquer le peché ſans attaquer le pecheur. L'Auteur de la lettre, dira-t-on, parle également des *Opinions* & des *Auteurs relâchez*, & quand il pourroit avoir quelque

rai-

raison d'épargner les seconds, il ne peut pas épargner les premiers, sans trahir l'interêt, comme on a dit, de la verité & de Jesus Christ même. Mais pour le justifier de l'un & de l'autre il n'y a qu'à expliquer l'état de la question, & convenir de la matiere de la dispute. Il y a des opinions relâchées par elles-mêmes, & d'autres qui peuvent paroître telles au zele seulement des personnes parfaites. Crier contre les opinions de cette seconde espece, pourroit bien être un excès de zele, qu'il seroit à propos de retenir quelquefois, particulierement devant la multitude, qui comme dit S. Ambroise, *Non sequitur ad excelsa, non ascendit ad sublimia.* L'exemple même de Jesus Christ montrant que la perfection n'est que pour ceux à qui Dieu a donné la force de le suivre au dessus de la montagne de ses conseils les plus parfaits. Ces Messieurs savent qu'on les appelle Rigoristes, c'est à dire, qu'on croit vouloir élever tout le monde à une perfection, dont tout le monde n'est pas capable, quoi qu'il fût à souhaiter qu'il le fût : *Prius enim unusquisque sanandus est, ut paulatim virtutibus procedentibus ascendere possit ad montem.* Il y a donc des opinions relâchées pour des parfaits, qui ne sont peut-être pas telles à l'égard des imparfaits, le nombre desquels est beaucoup plus grand que des autres : &

déclamer

déclamer contre celles-ci pourroit bien n'être pas un zele *secundùm scientiam*, tel que l'Apôtre le demande.

Il y a encore d'autres opinions plus dangereuses, & plus éloignées de la perfection, qu'il n'est peut-être pas toûjours nécessaire de décrier, particulierement quand leur décri vient à porter coup contre des personnes, qui peut-être les improuvent, quoi qu'elles ayent le malheur d'être soupçonnées de les favoriser & les suivre ; & c'est ici où l'Auteur de la lettre a sans doute voulu appliquer ce qu'il dit que *la maligni- té naturelle de l'homme peut avoir grande part dans le décri des opinions relâchées.* On croit qu'il n'y a aucun Casuiste qui ose soûtenir les opinions déja expressément condannées, car alors il faudroit crier au rebelle, & à l'héretique. Il y en a d'autres qui ne le font pas encore, & qui peuvent le devenir : mais est-ce aux particuliers à prévenir le jugement de l'Eglise, & à braver, comme si on avoit l'infaillibilité dans la manche, en décidant de la fausseté des opinions, qui nous paroissent mal fondées ? *Les Evêques de France*, dit on, *assemblez l'an 1700. se sont crûs obligez à censurer de nouveau plus de six-vingt propositions déja cen- surées par les Papes, les Evêques & les Facul- tez de Théologie, & d'en flétrir plusieurs tou- tes nouvelles.* Dieu soit loüé.. Mais enfin

ce font des Evêques chargez de l'instruction des peuples, des Evêques de tout un
grand Royaume, assemblez pour pourvoir
ex officio au bien de toute la nation, & d'autres Evêques qui ont *censuré des opinions
particulieres des 'PP. Saladin & Bernard
Recollets, & des PP. Gobat & Tavernes Jefuites*, & non pas des particuliers, qui fous
prétexte *d'avertir les Chrétiens de veiller, de
peur de se laisser surprendre par les ruses de l'efprit malin*, crient que *l'ennemi*, c'est à savoir des Religieux, dont on ne sait rien
de particulier fur le sujet de leur morale
que par la prévention qu'on a que ce font
des partisans d'une morale relâchée, que
cet ennemi, dis-je, *est au milieu des fidéles, & qu'il y fait un très-grand ravage*..
Encore une fois il n'est pas clair qu'on
puisse s'élever contre des opinions, & les
flétrir avant qu'elles ayent été déclarées
mauvaises par une autorité légitime, & que
d'autres que des Evêques puissent s'attribuer ce droit; celui des particuliers ne
pouvant gueres s'étendre qu'à tâcher par
la dispute, ou par des éclaircissemens en
livres d'en montrer l'insubsistance, & le
peu de fondement; bien loin de pouvoir
déclamer en général contre des désordres,
qui ne font point spécifiez, & dont le décri ne fait quasi point d'autre effet, que de
ruiner

ruiner la réputation de ceux qu'on prétend d'en être les Auteurs.

N'est-ce point par un excès de zele, qu'on veut bien croire pieusement n'avoir en vûë que de bons effets, que dans *la crainte que la lettre ne fasse impression sur quelques personnes on croit devoir s'élever avec force contre l'opinion scandaleuse qu'on y avance touchant le jurement du formulaire, qui remplit d'horreur à la premiere lecture.* Quoi donc, est-ce une opinion si abominable que de croire pouvoir faire en conscience ce que les Puissances Ecclesiastiques commandent, & que la Supréme permet? Et doit-on regarder avec horreur tous ceux qui n'ayant jamais lû le livre de Janfenius ont juré fur la foi de toute l'Eglife Romaine, quelques particuliers exceptez, qu'il auroit eu des fentimens erronées, & déclarez tels après les examens, & les difcuffions ordinaires? Si cela eft, le nombre des dévoyez eft auffi grand que le nombre des croyans eft petit, & il fera d'orenavant bien difficile de favoir à quoi s'en tenir & fur quoi appuyer fa foi & régler fa conduite. L'Auteur de la lettre ayant affez témoigné qu'il ne croyoit nullement matiere de foi divine le fait de Janfenius, n'a voulu à coup fûr dire autre chofe touchant la fignature du formulaire, finon qu'on pouvoit faire à fon égard ce que les Juges font tous les jours,

favoir

savoir condanner, *secundùm allegata & pro-bata*, ceux qui font prouvez coupables de quelque crime, entendant parler, comme il le déclare expreſſément de ſoi, de ceux qui n'ont jamais lû le livre de Janſenius, & qui s'en tiennent à la déclaration de l'Egliſe. La choſe eſt plus délicate qu'on ne penſe, & ceux qui ſe croyent permis de traiter *d'opinion ſcandaleuſe & horrible*, *celle* qui a réglé la conduite de tant de Prélats & de peuples, ne ménagent aſſûrément pas aſſez les égards de la pudeur, qui conſeilleroit au moins de taire un ſentiment ſi choquant, & ſemblent donner trop à l'eſtime de leur propre ſentiment. Je ne doute nulle-ment que ſi l'Auteur de la lettre parloit ici lui-même, il ne dît des choſes aſſez fortes pour ſoûtenir ce qu'il a avancé. Ce que je croi pouvoir dire à ce ſujet eſt qu'on peut à très-bonne raiſon appliquer ici l'a-vertiſſement de S. Paul, de ne point juger le ſerviteur d'autrui, que ceux qui s'abſ-tiennent feront bien de ne point condanner ceux qui mangent, étant tout au moins très-poſſible ſi ceux qui refuſent de ſigner le formulaire ont quelque raiſon pour ne le pas faire, que ceux qui le font en ayent auſſi, ſans *envoyer au Diable*, Pape, Car-dinaux, Evêques & peuples, ſur la pré-ſomption de leur ſentiment particulier, ce

qui

qui va là, fi l'*opinion* qu'ils fuivent, & pratiquent eft *fcandaleufe, & abominable.*

L'Auteur de la lettre n'a pas plus de raifon felon le fentiment de l'Auteur des Réfléxions, à nier la fubfiftance des Chapitres & de leurs droits, tels que ces Meffieurs les prétendent & les font valoir. *Ces droits mêmes font fi bien établis que tous ces raifonnemens ne peuvent les ébranler.* Je fuis encore obligé de protefter ici au nom de l'Auteur de la lettre, que ce qu'il a écrit fur cette matiere n'eft nullement pour les ébranler ou les détruire, & qu'il les fouhaite très-entiers & très-reconnus. Mais feulement pour publier les fentimens, ou les fcrupules, qui lui font reftez après la lecture des écrits, qui lui font tombez entre les mains fur cette matiere. Je pourrois ajoûter en fon nom, même après ce que l'Auteur des Réfléxions a repliqué contre *fes raifonnemens impuiffans,* les raifons ou confidérations fuivantes. Que l'exemple des Cathédrales dans les Païs Catholiques, où les *Graduez* tout au moins font élûs par les autres Chanoines, n'a pas une entiere parité avec les Chapitres de Hollande. Les premiers font reconnus par le Pape, & jouïffent de leurs prérogatives fans aucune oppofition, & l'on ne produit rien en faveur des feconds qui prouve cette reconnoiffance. *Les Papes ont toûjours nommé pour gouver-*

gouverner cette Eglise, dit-on, *un de ceux que ces Chapitres leur avoient présentez.* Il semble qu'*ab initio non fuit sic.* Il a été un temps ou il n'y avoit bonnement, ni Gouverneur, ni élection, & dès même qu'on a commencé à présenter, il y a au moins un cas, ou un étranger fut envoyé pour gouverner la Mission, & qui la gouvernat en effet sans avoir été nommé ni élû par les Chapitres. De plus les élections que font les Chapitres font de leurs Evêques particuliers, & il est inouï qu'ils souffrent que ces Evêques ainsi choisis soient consacrés Evêques d'autres Eglises étrangeres. Comme donc ces Messieurs s'accommodent-ils d'un titulaire de Sebaste, de Castorie, ou d'autre Eglise, sans prétendre qu'il porte le titre d'Utrecht, ou d'Harlem, puis qu'ils veulent être Chanoines de ces deux Eglises seulement, & qu'ils ne le font pas effectivement des autres? Tout au plus ils présentent trois personnes, & prient le Pape d'en nommer un pour être leur chef, & non pas leur Evêque particulier entant que Chanoines, auquel cas celui-ci devroit prendre le titre de leur Eglise, au lieu qu'il suffit qu'il ait la consécration Episcopale pour être le chef de leur corps, quelque nom qu'on lui donne, & qui ne laissant pas d'être un corps d'Ecclesiastiques, a besoin de Superieur & de chef;

Tome II. R *sans*

fans qu'il foit befoin que ceux-ci foient Chanoines. En troifiéme lieu, fi ce Clergé eft veritablement un Chapitre particulier pourquoi ne fe régle-t-il pas comme les autres au fujet fpécifique de l'élection des Chanoines, dont une partie par tout ailleurs eft choifie par l'Evêque & l'autre par le Chapitre & d'autres encore par le Pape felon les mois, dans lefquels échéent les provifions qui font à faire. Cette forme étant aujourd'hui commune, il faudroit ce femble, montrer quelque privilege particulier qui difpensât les Chapitres en queftion de l'obligation de s'y conformer, autrement, il y a fujet de leur difputer le titre de Chapitres, puis qu'ils fe conforment aux manieres des autres Corps de même nature dans les chofes principales qui les font connoître pour tels.

Il n'eft pas croyable, dit-on, *que les Conventions faites entre les Vicaires Apoftoliques & les Chapitres ayent été inconnus à Rome, & le filence des Miniftres du S. Siége fur ces Conventions eft plus qu'une demi preuve qu'ils reconnoiffent la réalité des Chapitres.* Qu'a-t-on apporté pour prouver que ces Conventions connuës & qui n'ont pas été improuvées à Rome autorifent ces Meffieurs à fe donner le nom de Chapitres? Toute forte de Corps peuvent traiter avec leurs chefs, fans que ces conventions leur donnent le
droit

droit de se qualifier d'un titre qu'ils n'auront pas dans leur Institution. Toutes les Confrairies, & les assemblées de personnes qui veulent bien concourir à une fin, peuvent comme membres unis à leur chef traiter & convenir avec celui-ci de ce qu'il leur plaît pour leur Gouvernement, ou leur conservation. On dit de plus. Quand jamais ces Messieurs non plus que les Prêtres qui peuvent être encore aujourd'hui en Armenie dans le Diocése de Sebaste, n'auroient pensé à prendre le nom de Chanoines, ils n'en seroient pas moins autorisez à traiter avec leur chef spirituel quel qu'il fût, sans que Rome le prît en mauvaise part, puis qu'au contraire c'est dans l'approbation & par le commandement du S. Siége, que tout Clergé vit uni, reconnoît, & reçoit les ordres de son Superieur, quelque qualité qu'ayent le Superieur & les inferieurs, qui n'ont besoin pour cela que du titre de leur état Ecclesiastique, & de la justice de cette mutuelle correspondance pour les conventions dont on veut parler.

La délicatesse de la Cour de Rome à ne point souffrir que des Eglises ou des Chapitres s'attribuent des droits qui ne leur appartiennent pas, non seulement n'est point en opposition dans le cas présent à la conduite des mêmes Chapitres à cet égard, mais l'approu-

R 2

ve

ve pleinement, fans toutefois les autoriſer ou les caractériſer d'aucun nom, où titre de Chapitre, qui n'eſt nullement requis en ce point de l'uſage & de la converſation de la Diſcipline Eccleſiaſtique qu'il ſemble que Rome cherche & veuille authoriſer. Il ſe dit Chanoine à Rome. Et il *n'eſt pas clair* qu'un étranger qui ne ſçait les choſes que par ce qu'il en a appris, *agiſſe de mauvaiſe foi* & témoignant de n'être point convaincu de ces prétentions, puiſque pour une très-grande preſomption de ſa credulité il a le refus de la Cour de Rome à reconnoître ces Chapitres, & qu'il paroit même incroyable que Rome oſât proteſter & demeurer dans ce refus, s'il y avoit des *Actes* des Papes *Urbain VIII.* & *Alexandre VII.* dont la reconnoiſſance authoriſant un plein droit, ſeroit d'un préjugé, auquel tous leurs Succeſſeurs n'auroient pû s'oppoſer.

La conſequence donc qu'a tiré l'Auteur de la lettre de toutes ces premiſſes n'eſt donc pas ſi éloignée qu'on ne la puiſſe voir, quand on veut la regarder. Il eſt bien plus difficile de remarquer comme, & par quelle voye les *Chapitres des Egliſes particulieres d'Utrecht & d'Harlem ſe ſont toûjours maintenus conformement aux Canons, & a l'eſprit de l'Egliſe dans le droit,* ou au moins l'uſage *de pourvoir le mieux, qu'il leur*

étoit possible aux besoins des Eglises abandonnées, puis qu'on ne comprend gueres qu'ils
s'y soyent appliqués autrement qu'en pre-
sentant comme ils disent trois sujets, un
desquels étant agréé, & consacré par le
Pape, ils ont été ensuite appliqués par
celuy-ci au soin des Eglises particulieres;
ce qui pouvant leur être commun avec toute sorte d'Etrangers, & le leur étant effectivement avec les reguliers de la Mission, qu'ils considerent apparemment comme tels, on ne voit pas trop comme pouvoir faire un honneur particuliér à ces
Chapitres de ce soin universel de pourvoir
aux Eglises abandonnées *C'étoient les Evêque Titulaires qu'ils consideroient comme leurs
chefs qui étoient les depositaires de la Mission
Apostolique & de l'autorité de l'Eglise, pour
employer les Ecclesiastiques* de quelque qualité qu'ils soient *dans le Gouvernement* des
Eglises particulieres & la conduite des
Ames: & cela étant, tout le droit dont on
peut se parer, tout le merite qu'on en peut
prétendre, n'est, ce semble, gueres plus
qu'une puissance obedientielle, semblable
à celle dont on parle dans les écoles, que
toutes les creatures ont à faire des miracles, & à être les instruments de la toute
puissance de Dieu.

Mais ce n'est pas de ceci dont il est
question. Comme on a déja dit: L'auteur

de

de la lettre n'a jamais eu la moindre penfée de difputer à ces Meffieurs le titre de
Chanoines, & il les verroit très-volontiers
en une pleine, & paifible poffeffion de
tout ce qu'ils prétendent fur ce point : mais
comme il écrivoit librement & familierement à un ami, il a expofé au plus jufte les
fcrupules qui l'empéchoient d'acquiefcer
aux raifons; qu'il avoit lû dans les livres
écrits fur cette matiére qui lui étoient tom-
bés entre les mains. Il eft même fâché &
fouhaitteroit que Rome en ufât à leur égard
comme elle en ufe à l'égard de quelques
Eglifes, qui font dans les terres des Infi-
déles aufquelles elles nomme des Pafteurs,
qui en portent les titres, & aufquels Pafteurs il ne croit pas que les Princes Infi-
déles refufaffent l'exercice de leur foin Paf-
toral, fi ces titulaires étoient affés coura-
geux pour fe porter fur les lieux, & vouloir l'entreprendre. Au moins eft-il certain, que le Sultan n'empéche aucunement aux Chrétiens qui vivent dans fon
Empire de recevoir la direction fpirituelle
de ceux qui en prennent foin pourveu qu'ils
vivent dans la foumiffion des autres fujets
& ne trouble point l'Etat : Et qui doute
que leur Haute-Puiffances, qui ne prennent aucun interêt dans les titres d'Evêques d'Utrecht & d'Harlem, n'euffent
la même indulgence pour des Pafteurs,
qui

qui auroient effectivement les titres de ces
Eglises particulieres, & qui par la n'ac-
querant aucun nouveau droit, ne feroient
aucune nouveauté dans la forme, avec laquelle ils font aujourd'hui tollerez, & même favorifés, revêtus d'un titre étranger ?
On fçait que dans les lieux que la Republique de Venife poflede au Levant, comme à Courfiou & ailleurs, ou les Villes
ont titres d'Evêchez, il y a deux Evêques,
un pour les fidelles qui fuivent le rit Latin, & un autre pour ceux qui fuivent le
Grec, qui y vivent avec la plus grande
union du monde, chacun gouvernant fon
troupeau, & la Republique les favorifant
également par l'amour uniforme qu'elle a
pour fes fujets de l'une & de l'autre Religion, fans que la Republique qui profeffe
obéiffance au Pape trouve mauvais que les
fujets Grecs nomment, & obeiffent à leurs
Evêques particuliers, de même que le Sultan ne fe met aucunement en peine à qui les
Catholiques Romains obeiffent pour le fpi-
rituel, pourveu que les droits de la Souveraineté, foyent refpectés des uns & des autres, & qu'il en retire la même foumiffion.

On ofe dire qu'il eft même étonnant que
Rome ne tire aucun avantage de cette fa-
cilité, qu'elle doit ce femble raifonnablement fuppofer dans Meffieurs les Etats,
& qu'elle ne vient point a la refolution de

nom-

nommer des Evêques particuliers aux Eglises, qui font fous leur domaine, puis
qu'encore qu'ils y fuffent fans revenus,
& fans pompe, comme font les Evêques
Grecs, ils y feroient ce femble avec un peu
plus de reputation & de credit par rapport
aux Catholiques, & on iroit au devant
de mille difficultez qui fe prefentent à caufe de la diverfité de Jurifdiction, qu'on
fuppofe differente & plus bornée en un titre d'une Eglife étrangere qu'en un Evêque particulier du lieu, où il refide. Mais
ce n'eft pas l'affaire ni de l'Auteur de la
lettre, ni le mien, c'eft pourquoi je paffe à
la fuite des Reflexions.

L'auteur de celle-ci fe plaint amére-
ment de la depofition de Mr. de Sebafte,
& on la plaint avec lui, d'autant plus,
qu'on n'entend perfonne, qui ne porte au
Ciel par fes louanges la très grande vertu
de ce Prelat, & qui jufques à fes adverfaires ne lui faffe honneur d'une probité
toute entiere. On fe plaint que ces mêmes
adverfaires ne fe montrent point fenfibles
à la generofité de toutes les ames un peu
bien faites, qu'on voit toujours pardonner
a ceux qu'ils ont vaincus, & qu'étant enfin venus à bout de le terraffer, ils n'ai-
dent point à le relever, ce qu'ils pourroient faire en toute confcience, quand
aprés lui avoir fait reconnoitre fa faute & fa
foi-

foiblesse, ils l'auroient reduit à promettre changement & de vivre en paix avec eux. C'est ainsi qu'on en use dans le monde, & il ni a guerre de gens, qui ne prissent pour un reproche d'infamie, si on disoit d'eux qu'ils ne veulent ni paix ni reconciliation.

Mais disent-ils, ce n'est pas leur affaire. Leur zéle les a poussés à crier contre Monsieur de Sebaste pour l'interêt de la Religion : Monsieur de Sebaste a été jugé, & condanné : ce même zéle les oblige de le fuïr, bien loin de vouloir aucune reconciliation ou intelligence avec lui. S'il étoit aussi facile à persuader comme à dire beaucoup de choses, on croiroit peut-être celle-ci : mais par malheur on voit tous les jours tant décumes, & d'impuretés dans le zele, de certaines personnes, qu'on n'a pas sujet de le tout prendre pour de l'or le plus pur. Si Mr. l'Evêque de Sebaste nonobstant l'Eminence de son caractere Episcopal qui suppose un homme parfait, est bien loin de cette perfection au gré de ses adversaires, au moins en ce pourquoi ils le poursuivent avec combien plus de raison peut on douter de la pureté du zele de ceux qui font tout leurs maneges à la sourdine, & qui bien loin de montrer le front pour l'interêt de la verité qu'ils voudroient qu'on crût qu'ils soûtiennent, ne veulent pas même que le criminel qu'ils ont sur-

                pris,

pris, sache pourquoi on le punit. Ce trait échappe de ma plume, & tout indifferent que je sois dans la querelle aussi bien que l'Auteur de la lettre, je ne sçai que répondre à ceux qui se plaignent des procedures tenues en cette cause, & je suis contraint d'avouër, avec l'Auteur des Reflexions, qu'autrefois *les Romains avoient une autre idée de l'Etat de cette Eglise, que n'en ont aujourd'hui les Ennemis de Mr. de Sebaste.*

Mais il est dit que l'Auteur de la lettre ne sera pas long-tems d'accord avec celui des Reflexions, celui-ci lui impute comme *une grande injustice de vouloir que parce que les esprits sont aigris on puisse dépouiller les Chapitres de leurs droits, & leur donner pour Pasteur chef & Evêque un des plus Passionnés Adversaires de Mr. de Sebaste & des principaux Ecclesiastiques du Clergé.* J'ai dit qu'il lui impute tout ce qu'on vient de lire, car je suis sûr que ce ne fut jamais la pensée de l'Auteur de la lettre de pretendre ny l'une n'y l'autre de ces *injustices* : savoir de priver les Chapitres de leurs droits, ni de leur donner pour Pasteur aucun de leurs adversaires. Il n'étoit pas convaincu du droit des Chapitres, comme on l'a dit tant de fois, & il lui paroissoit de pouvoir être du côté de Rome, qui de l'aveu même de ces Messieurs leur dispute ce droit. Dans cette prevention, & voyant les esprit aigris

gris il a pû dire sans leur faire grand tort qu'en *tout autre temps leur nomination au-roit été plus recevable, & que le Pape a sujet de prendre des mesures plus asseurées que celle de remettre la Mission en des mains qu'il croit pouvoir accroître plûtôt que d'assoupir la me-fiance.* Il ni a rien ce me semble de plus na-turel que de penser que ces Messieurs nom-mant éliroient un de leurs Corps, & qui fut dans leurs sentimens, & dans leurs in-teréts: Il est de la même notorité, que le Pape prevenu que ces Messieurs ne sont pas dans toutes les dispositions, & senti-mens où il les souhaitte, ne se confor-meroit pas volontiers à cette élection. De la il est évident que la meffiance s'ac-croîtroit plûtôt que de s'éteindre par leur élection puis qu'un des partis aigris, & divi-sés ne peut avoir le superieur de son côté que l'autre ne s'en meffie, & ne s'en rebute: Et si ces Messieurs se remuent pour n'en pas accepter un, qu'ils croyent dans les interêts de leurs adversaires, combien plus se remue-ront ceux-ci, en toute maniere plus sensitifs & plus agissants qu'eux, comme ils en ont l'experience, & d'où viendra la paix & le repos qu'on cherche & qu'on attend.

Voilà donc l'Auteur de la lettre purgé du reproche *d'une grande injustice,* dont ce-lui des Réfléxions le croyoit coupable, puis qu'en effet il n'a aucunement prétendu ce

qu'on

qu'on fuppofe, & qu'on ne voit pas même furquoi ce reproche étoit fondé par rapport au fecond chef, n'ayant propofé ou *fugeré l'expedient* de la nomination d'aucun fujet *capable de rallumer le feu de la divifion, & capable de rendre l'Eglife Hollandoife efclave des ennemis déclarez du Clergé, & de ceux qui les protégent à la Cour de Rome:* mais feulement il a crû que le Pape avoit fujet de prendre des méfures pour ne pas accroître la méfiance, qui, comme on a dit, eft auffi prête à renaître & à être fomentée par l'élection d'un fujet pris d'un parti que de l'autre.

Au refte le furplus des chefs fur lefquels les Auteurs de la lettre, & des Réfléxions peuvent être en oppofition de fentimens, n'eft pas grand fi l'on fe veut entendre. L'Auteur de la lettre prétend que Monfieur *de Sebafte a été ouï, examiné & jugé à Rome dans les formes,* & *il eft inconteftable,* dit celui des Réfléxions, qu'*il n'a jamais été ni ouï, ni examiné au Tribunal de l'Inquifition.* Cependant nonobftant cette contradiction apparente ils peuvent être accordez, & avouër qu'ils ne difconviennent point. Le fecond confeffe apparemment ce que Monfieur de Sebafte ne nie pas, favoir qu'on lui a demandé fes réponfes fur plufieurs Articles, qu'il a bien voulu qu'on rendît publics, de même que ces réponfes.

ſes. Enſuite de celles-ci on a rendu une Sentence & Décret, en quel Tribunal que ce ſoit, *Coram Sanctiſſimo*, qui tout au moins dit que ces réponſes n'ont pas ſatisfait, & qu'on le déclare démis. L'Auteur de la lettre a pû prendre cela pour des procedures judiciaires, & dire que Monſieur de Sebaſte a été ouï, & jugé. L'Auteur des Réfléxions n'eſt pas content de ces procédures & de cette forme de jugement, & à cela l'Auteur de la lettre n'a rien oppoſé, ni blâmé le ſentiment de ceux qui penſent comme lui : au contraire il ſemble n'en avoir pas été éloigné, puis qu'il confeſſe qu'il *ne ſait que répondre à leurs plaintes,* & que ce n'eſt qu'en vûë d'adoucir les choſes, & de raprocher les eſprits qu'il *conſeille d'acquieſcer* à la Sentence renduë, ſans improuver pour cela en aucune façon les recours & toutes les autres voyes legitimes qu'on peut employer pour obtenir une meilleure juſtice, quand on croit d'être lezé injuſtement.

Il n'eſt pas ſi nouveau dans l'Hiſtoire Eccleſiaſtique, qu'il ne ſache que ces recours ont été pratiquez de l'aveu même des Papes, qui les ont non ſeulement ſoufferts, mais dont quelques-uns les ont commandez, puis qu'enfin leur infaillibilité dans les choſes de foi, ne les met pas à couvert des ſurpriſes, quand il s'agit de procès &
de

de querelles de fait portées à leurs Tribunaux. Le doute qu'il prétend pouvoir, &
devoir rester dans les esprits ne regarde,
que le recours aux Puissances Séculieres
pour la manutention spécifique de Monseigneur de Sebaste dans l'exercice de sa Charge; & sa raison est que sans Jurisdiction,
il ne peut l'exercer, & que la suspension
ou privation de cette autorité spirituelle,
juste ou injuste qu'elle soit, rend invalide
tout ce qu'il peut faire en conséquence de
cette perte. Voilà son sentiment particulier & le mien, & une question sur laquelle il recevra toûjours avec docilité les éclaircissemens qu'on voudra lui donner, savoir
si la suspension ou la déposition juste ou
injuste d'un homme, qui occupe une dignité, ou pour mieux dire un emploi, duquel il peut, comme on suppose ici le Vicaire Apostolique être éloigné, *amotus ad
nutum* de l'Instituant, ne le prive pas de la
Jurisdiction spirituelle, & si l'usage qu'il
en feroit après cette destitution, seroit va-
lide. Il proteste de même avec toute la sin-
cerité possible, que comme aucun interêt
ne l'a mû à écrire ses sentimens dans cette
querelle, il n'a jamais eu la moindre pensée d'offenser personne, ni de disputer aucun droit à ceux qui le prétendent. Ses
sentimens étant en effet des sentimens d'un
particulier sans autorité, & ce qu'il écrit
pour

pour fa fatisfaction particuliere ne pouvant
déroger aux droits de ceux qui en font effectivement revétus. Ce qui l'a un peu
étonné, a été de voir que ces Meffieurs,
qui n'ont pas fujet de le foupçonner par
fes écrits de favorifer exceffivement leurs
adverfaires, fe foient portez à le pouffer
auffi vivement qu'ils ont fait, & de le ménager fi peu étant aflez raifonnable de penfer que dans l'état ou font leurs affaires ils
ne devroient pas écarter ceux qui leur peuvent prêter un témoignage favorable, avec
un veritable défintereflement, qu'ils devroient au contraire chercher à les informer de la pureté de leurs intentions & de
la droiture de leur conduite, s'ils croyent
le pouvoir faire, ce qui aflûrément ne leur
feroit d'aucun préjudice : Ce qui le confo-
lera, eft qu'il fe verra porté par là, où il
vouloit arriver, c'eft à dire reconnu pour
veritablement neutre en cette affaire, & que
par conféquent fon témoignage en fera plus
digne de foi, puis qu'on le voit également
en oppofition, & en butte aux deux partis, qui confeflent par là qu'il n'a pas cherché à les flater.

F I N.

www.ingramcontent.com/pod-product-compliance
Ingram Content Group UK Ltd.
Pitfield, Milton Keynes, MK11 3LW, UK
UKHW020237180726
13839UKWH00001B/34